I0372023

www.ingramcontent.com/pod-product-compliance
Lightning Source LLC
Chambersburg PA
CBHW071432070526
44578CB00001B/83
9781989880531

به نام عشق

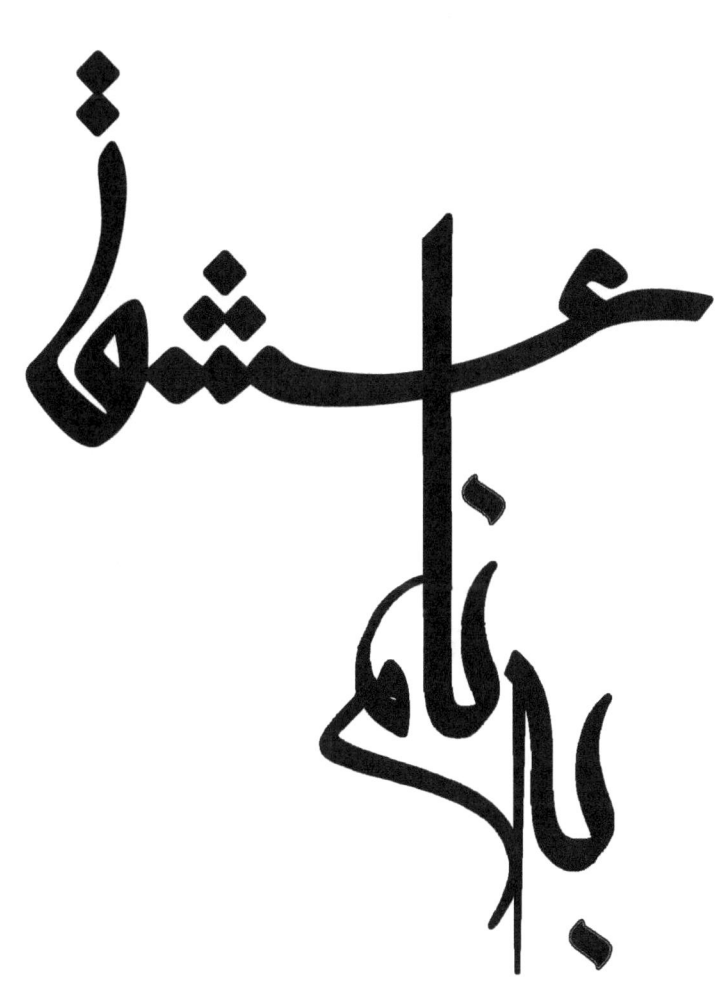

قوانین کیهانی

نویسنده: سودابه مقدسی بیات

سلام هم زبان

دستیابی ایرانیان مقیم خارج از کشور به کتاب های بسیار متنوع و جدیدی که به تازگی در ایران نگاشته و چاپ می شود، محدود است. ما قصد داریم این خدمت را به فارسی زبانان دنیا هدیه دهیم تا آنها بتوانند مانند شما با یک کلیک در آمازون یا دیگر انتشارات آنلاین کتاب هایی در زمینه های مختلف را خریداری کنند و درب منزل تحویل بگیرند.

خانه انتشارات کیدزوکادو تحت حمایت مجموعه آموزشی کیدزوکادو این افتخار را دارد تا برای اولین بار کتاب های با ارزش فارسی را که با زبان فارسی نگارش شده است از شرکت های انتشاراتی بزرگ آن لاین مانند آمازون و ایی بی بارنز اند نابل و هم چنین وبسایت خود انتشارات در اختیار ایرانیان مقیم خارج از ایران قرار دهد.

از اینکه توانستیم کتابهای جدید و با ارزشی که به قلم عالی نویسنده گان و نخبگان خوب ایرانی نگاشته شده است را در اختیار شما قرار دهیم بسیار احساس رضایتمندی داریم

این کتاب ها تحت اجازه مستقیم نویسنده و یا انتشارات کتاب صورت گرفته و درآمد حاصله بعد از کسر هزینه ها، به نویسنده پرداخته می شود.

خانه انتشارات کیدزوکادو در قبال مطالب داخل کتاب هیچگونه مسئولیتی ندارد و صرفاً به عنوان یک پخش کننده است.

و شما خواننده عزیز ما را با گذاشتن نظرات در وب سایتی که کتاب را تهیه کرده اید به این کار فرهنگی دلگرمتر کنید.

سریال کتاب: P2145110062

سرشناسه : MGD ۲۰۲۱

عنوان: قوانین کیهانی

نویسنده: سودابه مقدسی بیات

شابک کانادا: ISBN 9781989880531

موضوع: خودشناسی، انگیزشی،

مشخصات کتاب: صحافی مقوایی ، سایز ۸.۳x۵.۸

تعداد صفحات: ۲۱۰

تاریخ نشر در کانادا: نوامبر ۲۰۲۱

تاریخ نشر اولیه: ۱۳۹۹

Kidsocado Publishing House

خانه انتشارات کیدزوکادو

ونکوور، کانادا

تلفن: +۱ (۸۳۳) ۶۳۳ ۸۶۵۴

واتس آپ: +۱ (۲۳۶) ۳۳۳ ۷۲۴۸

ایمیل: info@kidsocado.com

وبسایت انتشارات: https://kidsocadopublishinghouse.com

وبسایت فروشگاه: https://kphclub.com

فهرست

زندگی	۱۲
عشق	۱۳
جذب عشق	۱۴
شما آهن‌ربا هستید	۱۶
خلق	۲۰
واقعیت	۲۷
شکرگزاری	۲۸
نقش بازی کنید	۳۱
قانون کارما	۳۵
چگونگی رسیدن به خواسته‌ها	۴۰
کلید جذب	۵۲
مثبت اندیشی	۵۹
تابلو آرزوها	۶۰
باور چیست	۶۲
سؤالات مثبت زندگی شما را تغییر می‌دهد	۶۴
احساس ثروتمندی	۶۴
مقاومت نکنید	۶۸
تخیل	۷۲
پیروزی	۸۴
ایمان	۸۶
ذهن خلاق	۹۰
عبارات تأکیدی	۹۸
دعا	۱۰۶
فرکانس	۱۱۲
مقاومت	۱۲۲
نگرانی را کنار بگذارید	۱۳۲

چرا به خواسته‌هایم نمی‌رسم	136
نشانه و الهام	139
قانون باور	140
باورها چگونه به وجود می‌آیند	143
باورهای مثبت را چگونه ایجاد کنیم	146
اهرم رنج و لذت	148
خودآگاه و ناخودآگاه	151
قلب جایگاه پیام الهی و درک فرکانس خداست	152
ثروت	157
توکل	161
سلامتی	167
جهان هوشمند است	170
آیه‌های نعمت	173
مقصر بدبختی‌هایمان کیست	179
قانون تکامل	180
قانون جذب و ارتعاش و انرژی	182
جملات زندگی بخش	187
نمی‌دانید زندگی چقدر زیباست	190
قانون اعراض	192
رسالت شما چیست	195
اعتمادبه‌نفس و عزت‌نفس	199
باور فراوانی	201
کلام آخر	203

پیشگفتار

اکثر افراد سال‌های زیادی از عمر خود را صرف پیدا کردن راهی برای خوشبختی یا پول و ثروت و یا داشتن روابط عالی کرده‌اند اما هیچ‌وقت به خواسته‌های خود نرسیده‌اند؛ و بعد از سال‌ها تلاش به این باور رسیده‌اند که یا شانس ندارند و یا بخت با آن‌ها یار نیست و یا طلسم و جادو شده‌اند یا باید پول و پارتی داشته باشند و یا خدا نمی‌خواهد که آن‌ها به آرزوهای خود برسند. من اینجا هستم که بگویم تمام این باورها اشتباه هست. اگر من توانستم پس همه شما هم خواهید رسید و فرقی نمی‌کند که در کجای این کره خاکی زندگی می‌کنید و یا چه خانواده و یا چه مذهبی دارید، شما به تمام خواسته‌های خود می‌رسید. باور کنید خداوند بیشتر از شما می‌خواهد تا شما به تمام آرزوهای خود برسید. اگر از زندگی فعلی خود ناراضی هستید، فقط باید باور خود و نگرشتان را عوض کنید. این بار به من اجازه دهید تا ذهن شما را با باورهای درست پر کنم. با خواندن این کتاب حس خوبی را تجربه خواهید کرد و متوجه خواهید شد که رسیدن به خواسته‌ها چقدر آسان و دست‌یافتنی است. رسیدن به پول و ثروت و خوشبختی به‌راحتی نفس کشیدن است. اگر آرزویی در دل دارید ایمان داشته باشید که خداوند توان رسیدن به آن را در شما قرار داده است.

سودابه مقدسی بیات

تقدیم به

پدرومادر عزیزم و خانواده‌ام و تمام اساتیدی که مرا در طول این سالیان همراهی کردند.

اگر شما شروع به خواندن این کتاب کرده‌اید، احتمالاً در جستجوی موفقیت هستید، ایمان داشته باشید به آن می‌رسید. موفقیت اکتسابی است و شما با مطالعه و تجربه آن را به دست می‌آورید. اگر می‌خواهید موفق شوید هرگز کتاب خواندن را ترک نکنید. مثل غذا باید هر روز از آن استفاده کنید. کتاب غذای روح شماست. شما که فرصت ندارید همه‌چیز را خودتان تجربه کنید، پس آن را از شرح حال افرادی که موفق شده‌اند بیاموزید.

یکی از رازهای افراد موفق مطالعه کردن است که ایده‌های خوبی به ذهنشان می‌رسد. ما برای اولین بار در دنیا دوره‌ای را آماده کرده‌ایم که زندگی‌نامه افراد موفق را همراه با معرفی کتاب‌هایشان در اختیار شما قرار می‌دهد... این دوره به معرفی زندگی‌نامه بیش از ۲۰۰ فرد موفق جهان می‌پردازد. می‌توانید به سایت ما بروید و این دوره بی‌نظیر را تهیه کنید.

هر روز وقت بگذارید و هر روز زندگی‌نامه یکی از این افراد را بخوانید. البته زندگی‌نامه بعضی از این افراد طولانی است و می‌توانید در طی چند روز آن‌ها را مطالعه کنید. کم‌کم با مطالعه بیوگرافی افراد موفقیت، برای ذهن شما موفق شدن منطقی به نظر می‌رسد و شما متوجه می‌شوید که فرقی با افراد موفق جهان ندارید.

قول می‌دهم که سرعت شما برای رسیدن به آرزوهایتان چند برابر شود.

یادتان باشد که افراد زیادی به این راه وارد می‌شوند ولی عده کمی باقی می‌مانند و ادامه نمی‌دهند. یک نکته طلایی را همین‌جا به شما بگوییم؛ و آن این است: راز در ماندگاری است. یک سال وقت بگذارید و تمام ذهن خود را برای موفقیت تربیت کنید. موفقیت خودش به دنبال شما می‌آید. از کتاب‌ها و آموزش‌های ما استفاده کنید. ما نه‌تنها راه‌های موفقیت را به شما نشان می‌دهیم، بلکه آموزش‌هایی را هم برای شما تدارک دیده‌ایم تا بتوانید از آن‌ها کسب درآمد کنید. آدرس سایت ما www.moghadasii.com

لطفاً هر کتاب را چندین بار بخوانید تا نکات آن را درک کنید.

نکته طلایی: بین واقع‌بینی و خوش‌بینی لطفاً خوش‌بینی را انتخاب کنید تا موفق شوید.

زندگی

زندگی شما این‌گونه است. چیزهای مثبت و چیزهای منفی در زندگی شما وجود دارد و شما با افکارتان آن‌ها را خلق می‌کنید. در هر زمینه‌ای که فکر کنید، سلامتی، پول، روابط، شغل یا شادی. شما یا سلامت هستید یا بیمار. یا ثروتمند هستید یا فقیر. یا شاغل هستید یا بیکار. یا روابط عالی دارید یا بد.

روابط شما یا خوب است یا بحرانی و پیچیده. شغل شما یا پرشور و هیجان و موفقیت‌آمیز است یا ناراضی کننده و ناکام کننده. یا سرشار از شادی هستید یا بیشتر اوقات حوصله ندارید.

شما سال‌های خوشی دارید یا سال‌های بد. روزهای خوب یا بد. اگر در زندگی شما موارد منفی بیشتر از موارد مثبت است، در این صورت مشکلی وجود دارد و باید افکارتان را دوباره بررسی کنید.

عشق

فقط یک نیرو وجود دارد و آن نیروی عشق است عشق صرفاً یک احساس نیست. عشق نیرویی مثبت است. عشق، ضعیف و ناتوان نیست. عشق یک نیروی مثبت زندگی است. عشق عامل همه‌ی موارد مثبت و خوب است. صدها نیروی مثبت گوناگون در دنیا وجود ندارد. عشق با وابستگی تفاوت بسیار دارد. وابستگی یعنی شما بدون او خوشحال نیستید و خوشی خود را در بودن او می‌دانید؛ اما عشق یعنی هر دو بدون هم بتوانند خوشحال باشند و به هم عشق هم بورزند. لطفاً برای عشقتان قفس نسازید.

قدرت‌های عظیم طبیعت، مانند نیروی جاذبه و نیروی مغناطیس، برای حواس ما نامرئی است؛ اما قدرت آن‌ها بر همه ثابت شده است. به همین منوال، قدرت عشق هم برای ما نامرئی اما به‌مراتب عظیم‌تر از هر قدرتی در طبیعت است.

قدرت عشق در همه جای نقاط دنیا دیده می‌شود. بدون عشق، حیات وجود ندارد.

عشق نیرویی است که موجب پیشرفت هرکسی می‌شود.

آنچه می‌خواهید انجام دهید یا داشته باشید، از عشق ناشی می‌شود. بدون عشق، پیشرفتی ندارید؛ هیچ نیروی مثبتی وجود نداشت که شما را وادار کند صبح از خواب بیدار شوید، کار کنید، تفریح کنید، صحبت کنید، یاد بگیرید، به موسیقی گوش کنید یا به‌طورکلی هر کاری را انجام بدهید. نیروی مثبت عشق است که به شما انگیزه‌ی حرکت می‌دهد و شما را مشتاق می‌کند که هر کاری بکنید، هرچه بخواهید بشوید یا هر چیزی را داشته باشید. عشق قدرتمندترین و درعین‌حال بسیار در جهان ناشناخته است.

جذب عشق

نیروی جذب چیست؟ نیروی جذب یعنی نیروی عشق. وقتی احساس می‌کنید که به‌سوی غذای موردعلاقه‌تان کشیده می‌شوید، نسبت به آن غذا احساس دوست داشتن می‌کنید. بدون عشق، شما در این مورد احساسی نخواهید داشت. تمام غذاها از نظر شما یکسان خواهد بود. شما متوجه نمی‌شوید که چه چیزی را دوست دارید یا دوست ندارید، چون به‌سوی چیزی جذب نمی‌شوید.

قانون جذب یا قانون عشق... هر دو یکی هستند.

هر آنچه در زندگیتان به آن بیندیشید همان را هم در زندگی دریافت می‌کنید. طبق قانون جذب، هر آنچه اهدا کنید، دقیقاً همان به‌سوی خودتان بر می‌گردد.

اگر مثبت اهدا کنید، به شکلی مثبت هم دریافت می‌کنید. اگر افکار شما منفی باشد، آن را به‌صورت منفی دریافت می‌کنید. به‌طور مثبت اهدا کنید تا زندگی سرشار از مواردی مثبت را دریافت کنید. اگر افکار شما به‌صورت منفی باشد، زندگی سرشار از مواردی منفی را خواهید داشت... شما چطور مواردی را به‌صورت مثبت یا منفی ارائه می‌دهید؟ از طریق افکار و احساساتتان.

هر آنچه را بدهید، همان را دریافت می‌کنید. به کسی که در خیابان ماشینش پنچر شده است کمک کنید، مسلماً بسیار سریع همان کمک به‌سوی خودت شما می‌گردد. وقتی از دست یکی از اعضای خانواده که شما را اذیت کرده است؛ موجب می‌شود که همین عصبانیت در موقعیتی از زندگی شما به‌سوی خودتان برگردد.

می‌خواهید بدانید خداوند عاشق چه کسانی است و چه کسانی را شامل

عشقش نمی‌داند؟

■ آیه ۵۸ سوره انفال: إِنَّ اللَّهَ لَا يُحِبُّ الْخَائِنِينَ. قطعاً خدا افراد خائن را دوست نمی‌دارد.

■ آیه ۳۸ سوره حج: إِنَّ اللَّهَ لَا يُحِبُّ كُلَّ خَوَّانٍ كَفُورٍ. حتماً خداوند هیچ خیانت‌کار ناسپاسی را دوست ندارد.

■ آیه ۷۶ قصص: إِنَّ اللَّهَ لَا يُحِبُّ الْفَرِحِينَ: قطعاً خدا شادی‌های مصنوعی (قلبی نباشد) را دوست ندارد

■ آیه ۱۰۷ سوره نساء: إِنَّ اللَّهَ لَا يُحِبُّ مَنْ كَانَ خَوَّانًا أَثِيمًا: زیرا خداوند افراد خیانت‌کار و گناهکار را دوست نمی‌دارد.

■ آیه ۱۹۰ سوره بقره: إِنَّ اللَّهَ لَا يُحِبُّ الْمُعْتَدِينَ: قطعاً خدا متجاوزین را دوست ندارد.

■ آیه ۳۶ سوره نساء: إِنَّ اللَّهَ لَا يُحِبُّ مَنْ كَانَ مُخْتَالًا فَخُورًا. چون قطعاً خدا، کسی که تکبر و فخرفروش باشد را دوست ندارد.

■ آیه ۷۷ سوره قصص: إِنَّ اللَّهَ لَا يُحِبُّ الْمُفْسِدِينَ. قطعاً خدا فساد کنندگان را دوست ندارد.

■ آیه ۱۸ لقمان: إِنَّ اللَّهَ لَا يُحِبُّ كُلَّ مُخْتَالٍ فَخُورٍ. قطعاً خدا هیچ متکبر مغروری را دوست ندارد.

■ آیه ۱۵٦ سوره بقره: الَّذِينَ إِذَا أَصَابَتْهُمْ مُصِيبَةٌ قَالُوا إِنَّا لِلَّهِ وَإِنَّا إِلَيْهِ رَاجِعُونَ. آن‌ها که هرگاه مصيبتي به آن‌ها رسد مي‌گويند: ما از آن خدا هستیم و به‌سوی او بازمی‌گردیم!

■ آیه ۱۳٤ سوره آل‌عمران: وَاللَّهُ يُحِبُّ الْمُحْسِنِينَ. خدا نیکوکاران را دوست دارد.

■ آیه ۲۲۲ سوره بقره: إِنَّ اللّهَ يُحِبُّ التَّوَّابِينَ وَيُحِبُّ الْمُتَطَهِّرِينَ. خدا توبه‌کنندگان و پاک‌کنندگان روح را دوست دارد.

■ آیه سوره ۱۳٤ آل‌عمران: وَاللّهُ يُحِبُّ الْمُحْسِنِينَ. خدا نیکوکاران را دوست دارد.

■ آیه سوره ١٤٦ آل‌عمران: وَاللّهُ يُحِبُّ الصَّابِرِينَ. خدا صابرین را دوست دارد.

■ آیه ۱٥۹ سوره آل‌عمران: إِنَّ اللّهَ يُحِبُّ الْمُتَوَكِّلِينَ. قطعاً خدا کسانی را که توکل می‌کنند را دوست دارد.

■ آیه ۱۳ سوره مائده: إِنَّ اللّهَ يُحِبُّ الْمُحْسِنِينَ. قطعاً خدا نیک. کاران را دوست دارد.

■ آیه ٤ سوره توبه: إِنَّ اللّهَ يُحِبُّ الْمُتَّقِينَ. قطعاً خدا پرهیزگاران را دوست دارد.

■ آیه ۹ سوره حجرات: إِنَّ اللّهَ يُحِبُّ الْمُقْسِطِينَ. قطعاً خدا قسط دهندگان را دوست دارد.

شما آهن ربا هستید

جهان بی‌دریغ بر اساس هر آنچه فکر کنید، تک‌تک چیزها را به زندگی شما برمی‌گرداند. شما بر اساس افکار و احساساتی که از خودت می‌فرستید، همچون آهنربا اوضاع ثروت، سلامت، ارتباطات، شغل و تک‌تک اتفاقات و تجارب زندگی تا را جذب می‌کنید؛ و همان‌ها را دریافت می‌دارید. وقتی افکار و احساساتی مثبت راجع به پول از خودتان می‌فرستید، شرایط و افراد و رویدادهایی مثبت را که موجب سرازیر شدن پول بیشتری به‌سوی شما

می‌شوند، جذب می‌کنید. با فرستادن افکار و احساسات منفی در مورد پول، شرایط و افراد و رویدادهایی منفی را که باعث کاهش پول می‌شوند، جذب می‌کنید.

افرادی که زندگی زیبایی دارند، بیشتر درباره‌ی آنچه دوست دارند حرف می‌زنند و با این کار، دسترسی زیادی به تمام نعمت‌های زندگی پیدا می‌کنند و فقط در مورد هرچه دوست دارید حرف بزنید و عشق شما را آزاد می‌کند!

به کمک نیروی عشق، هیچ‌چیزی غیرممکن نیست. مهم نیست با چه وضعیتی مواجه هستید؛ نیروی عشق می‌تواند شما را رها کند.

هر آنچه به زندگی بدهید؛ دوباره همان را از زندگی می‌گیرید. اگر مثبت باشید، مثبت‌گرایی را دریافت می‌کنید و اگر منفی باشید، منفی بیشتری را به خودتان جذب می‌کنید.

هیچ رویدادی به‌طور تصادفی در زندگی رخ نمی‌دهد. شما هر چیزی را بر اساس آنچه می‌فرستید، دریافت می‌دارید. هیچ شانسی وجود ندارد. همه‌چیز بر اساس نظم است؛ و این نظم را قانون جذب اجرا می‌کند. به کسی هم بی‌عدالتی نمی‌شود.

افکار و کلام، بدون احساسات، به‌هیچ‌وجه در زندگی قدرتی ندارند. شما در طول روز درباره‌ی خیلی چیزها فکر می‌کنید که به‌جایی نمی‌رسد چون بسیاری از افکار باعث ایجاد احساسی قوی در شما نمی‌شود.

نگران نباشید چون افکار و کلام و اعمال شما خوب است... صرفاً با داشتن حال و هوای خوب به شما تضمین داده می‌شود که عشق از خودتان می‌فرستید و شک نکنید که این‌همه عشق باز به‌سوی خود شما بازمی‌گردد! اگر بیشتر اوقات احساس کنید که نه خوب هستید و نه بد، شاید خیال کنید

که در حال و هوای احساسی مثبتی به سر می‌برید، اما واقعیت این است که حال بدی دارید... اگر واقعاً حال و هوای بدی داشته باشید و بعد احساس کنید که حالتان نه خوب است و نه بد، چنین حال و هوایی هم از حال بد شما خبر می‌دهد.

داشتن حال و هوای «نه خوب و نه بد» در بیشتر اوقات احساسی منفی است چون احساس خوبی نیست. حال و هوای خوب یعنی احساس خوب! حال و هوای خوب یعنی شما شاد، خرم، مشتاق، هیجان‌زده یا پرشور هستید.

وقتی در مورد پول فکر می‌کنید، احساسات شما آنچه را در مورد پول از خودتان می‌فرستید منعکس می‌کند. اگر وقتی در مورد پول فکر می‌کنید حال و هوای بدی داشته باشید چون به حد کافی پول ندارید، پس شرایط و تجارب منفی حاکی از نداشتن پول را دریافت می‌کنید، چون همین احساس منفی را از خودتان ساطع کرده‌اید. وقتی در مورد شغل فکر می‌کنید، احساسات به شما می‌فهماند که در مورد شغلتان چه احساسی از خود ساطع می‌کنید.

اگر در مورد شغلتان حال و هوا و احساسی خوب داشته باشید، حتماً شرایط و تجارب مثبتی دریافت می‌کنید چون احساسی مثبت از خودت بیرون می‌دهید. وقتی در مورد خانواده، سلامتی یا هر مسئله‌ی مهم دیگری فکر کنید، احساسات به شما می‌فهماند که چه حال و هوایی از خودتان دارید.

زندگی برحسب اتفاق پیش نمی‌رود. زندگی به افکار شما واکنش نشان می‌دهد.

آنچه می‌خواهید به دلیل حال و هوای خوبی است که آن‌ها به شما می‌دهند. حالا چگونه چیزهای خوبی را که در زندگی‌تان می‌خواهید دریافت کنید؟ با احساسات خوب!

شما باید احساسات خوب از خودتان بفرستید تا آن‌ها را به‌سوی خود بیاورد. پول و ثروت و سلامتی منتظرند تا شما صدایشان کنید. لزومی ندارد که مبارزه و کشمکش و اعتراض کنید تا شرایط زندگی‌تان را تغییر دهید؛ تنها کار لازم این است که از طریق احساسات خوب، عشق از خودت ساطع کنید و سروکله‌ی هر آنچه بخواهید ظاهر می‌شود!

همه‌چیز دارای ارتعاش است و هر چیزی فرکانسی مغناطیسی دارد. احساسات و افکار شما هم فرکانس‌هایی مغناطیسی دارند. احساس خوب به این معناست که روی فرکانس مثبت عشق هستید. احساس بد یعنی روی فرکانس منفی هستید.

فرکانس مشخص می‌کند و مثل آهنربا افراد، رویدادها و شرایطی را که روی فرکانسی مشابه هستند، به‌سوی خودتان جذب می‌کنید.

اگر می‌خواهید راز کائنات را بدانید، افکارتان را بر اساس انرژی، فرکانس و ارتعاش باید قبول کنید.

هر ثانیه فرصتی است برای تغییر زندگی‌تان، چون در بسیاری از لحظات می‌توانید چگونگی احساستان را تغییر دهید. مهم نیست که قبلاً چه حال و هوایی داشتید؛ مهم نیست که چقدر زندگیتان را به نابودی کشانده‌اید، وقتی شیوه‌ی احساس کردنتان را تغییر دهید، ارتعاش مثبت می‌فرستید و فوری قانون جذب هم واکنش نشان می‌دهد! وقتی نوع احساستان را تغییر دهید، گذشته راهش را می‌کشد و می‌رود! و زندگی شروع به تغییر می‌کند.

در تلاش باشید دایره لغاتتان را عوض کنید. کلمات منفی مثل ترس، تنفر و افتضاح، مزخرف، داغون و کلماتی این چنین را از فرهنگ لغات خودتان حذف کنید، چون وقتی این لغات را بر زبان بیاورید، به خودتان برمی‌گردد که یعنی عیب‌های بی‌خودی روی خودتان می‌گذارید!

چرا دهانتان را به کلمات زیبا معطر نمی‌کنید؟ فکر نمی‌کنید استفاده از کلماتی مانند فوق‌العاده، زیبا، جالب، شگفت‌انگیز و عالی، بهتر باشد؟ شاید این مورد را تجربه کرده باشید که گاهی پشت سر هم شانس می‌آورید... فقط یک دلیل دارد و آن این است که شما عشق را بیش از منفی گرایی در زندگی‌تان جاری ساخته‌اید.

شاید مورد عکس آن را هم تجربه کرده باشید که وقتی شرایط بد می‌شود، مصیبت یکی پس از دیگری پیش می‌آید. این اتفاقات می‌افتد چون شما بیشتر منفی بوده‌اید تا مثبت و وقتی بیشتر منفی باشید، منفی بیشتری به زندگی‌تان می‌آید که حتی موارد منفی بیشتری را هم جذب می‌کند. این بسیار نکته مهمی است. اگر خودتان را از این زنجیره معیوب بیرون نکشید، منتظر اتفاقات بد زیادی باشید. اگر صبح بیدار شدید و دیدید اعصابتان خرد است و کلافه‌اید و حوصله ندارید، حتماً به افکار چند روز پیش خود فکر کنید. متوجه می‌شوید که مدام افکارتان منفی بوده است.

برای ایجاد تغییر و تحول در زندگی‌تان، تنها کاری که لازم است انجام دهید این است که از طریق احساسات خوب، روزانه به مدت بیشتری مثبت باشید و از زندگی نهایت لذت را ببرید. برای این کار لازم است آگاهانه به چیزهای مثبت فکر کنید. چون هر چیزی که شما می‌بینید، هم جنبه منفی دارد و هم جنبه مثبت. این شما هستید که انتخاب می‌کنید به کدام جنبه نگاه کنید. یقیناً کسانی که به جنبه مثبت هر چیزی نگاه می‌کنند، زندگی راحت‌تری را تجربه می‌کنند.

خلق

اول باید بتوانید چیزی را که می‌خواهید تجسم کنید. بدون تجسم کسی

به‌جایی نمی‌رسد. یادتان باشد که احساس خوب خود را موقع تجسم داشته باشید.

همچنان که مجسم می‌کنید، باید نسبت به آنچه آن را مجسم می‌کنید، احساس عشق کنید باید باور کنید که به خواسته‌تان دست‌یافته‌اید و بابت آن شکر گذاری کنید. اگر به نداشتن خواسته‌تان فکر کنید حتماً احساس کمبود می‌کنید و احساس بدی به شما دست می‌دهد.

نکته طلایی: شما باید قبل از رسیدن به خواسته‌هایتان احساس داشتن آن را در خود ایجاد کنید و شروع به سپاسگزاری کنید. یادتان باشد تمام خواسته‌های شما در دنیا وجود دارد فقط باید خود را در مدار آن قرار دهید. این کار را با شکرگزاری انجام دهید.

هر چه را که می‌خواهید، باید از صمیم قلب بخواهید. تا وقتی برای خواسته‌تان اشتیاقی شدید و سوزان نداشته باشید، قدرت کافی برای خلق آن نخواهید داشت.

افکار شما مثل بومرنگ است که وقتی آن را پرت کنید، دوباره به‌سوی خودتان برمی‌گردد. قانون جذب مثل دستگاه فتوکپی است که اشتباه نمی‌کند. آنچه را بدهید، شبیه همان را تحویل می‌دهد.

همه چیز در دنیا وجود دارد. کافی است که شما فقط آن را بخواهید؛ بنابراین وقتی شما خانه رؤیایی‌تان را تصور می‌کنید، در دنیا وجود دارد. اگر از قبل وجود نداشت، ممکن نبود که ما بتوانیم آن را به ذهن بیاوریم.

وقتی از طریق احساسات خوب خودتان ارتعاش می‌فرستید، احساسات حوزه‌ای مغناطیسی ایجاد می‌کند که کاملاً شما را احاطه می‌کند.

بنابراین هر جا بروید این حوزه‌ی مغناطیسی همراه شماست. مثل نوری

اطراف بدن شما را احاطه می‌کند.

هاله‌ای که دور هر فرد را احاطه کرده است، در اصل حوزه‌ای الکترومغناطیسی است؛ و شما از طریق خاصیت مغناطیسی حوزه‌ی خودتان که احاطه‌ات کرده است، هر چیزی را در زندگی جذب می‌کنید. احساسات است که مشخص می‌کند حوزه‌ی شما هرلحظه مثبت است یا منفی!

می‌خواهید باور کنید که خواسته شما خیلی بزرگ است؟ اما با این طرز فکر، چشم‌انداز شما را از خواسته‌تان دور می‌کند. وقتی خیال کنید چیزی واقعاً بزرگ است، در اصل به قانون جذب می‌فهمانید؛ این خواسته به‌قدری بزرگ است که رسیدن به آن بسیار مشکل خواهد بود و احتمالاً کلی هم طول می‌کشد؛ و حق با شماست چون هر آنچه فکر و احساس کنید، همان را دریافت می‌کنید. اگر خیال کنید که خواسته شما واقعاً بزرگ است، دریافت خواسته‌تان به تا خیر می‌افتد؛ اما برای قانون جذب بزرگی یا کوچکی وجود ندارد و برای این قانون زمان هم مفهومی ندارد.

تردید و دودلی ما است که رسیدن به خواسته را دور می‌کند و غالباً باعث می‌شود موهبتی را که ممکن است به دست آوریم، از دست بدهیم.

اگر متوجه شدید که ایمانتان ضعیف شده است، با خدا گفتگو کنید تا آرام شوید. باید به توانایی خدای خود ایمان داشته باشید. اکثر آدم‌ها می‌گویند ایمان داریم ولی در عمل عکس آن را ثابت می‌کنند. بی‌تابی می‌کنند و گاهی هم خدا را مسبب تمام بدبختی خود می‌دانند و می‌گویند: خدا نخواست ما به آرزوهایمان برسیم. درواقع ناتوانی و کم‌کاری خود را گردن خداوند می‌اندازند. آن‌ها نمی‌خواهند مسؤولیت زندگی خویش را بپذیرند.

احساسات، درون شما هستند. به هر چیزی که بخواهید برسید روش همین است.

آنچه را می‌خواهید تجسم کنید. عشق و احساس داشتنِ خواسته‌تان را تجسم کنید... هر صحنه و وضعیتی را که دلتان می‌خواهد، تجسم و احساس کنید که آن را هم‌اکنون دارید. هر روز مدت بیست دقیقه را به داشتنِ هر آنچه می‌خواهید، اختصاص بدهید و تجسم کنید. این کار را هر روز انجام بدهید تا به این احساس برسید که از قبل خواسته‌تان را داشته‌اید. این کار را بکنید تا در ذهنتان نهادینه شود.

زندگی‌تان را پر از لذت و شادی کنید. وقتی سرخوش باشید، احساسی عالی دارید و چیزهایی خوب دریافت می‌کنید. حال و هوای خوب باعث می‌شود که هر آنچه می‌خواهید در زندگی‌تان ایجاد شود؛ و اگر موارد را سخت و جدی بگیرید، زندگی سختی و مشقت به شما تحویل می‌دهد. شما روی زندگی قدرت دارید و می‌توانید هر طور که دلتان بخواهد آن را طراحی کنید. به‌هرحال تلاش کنید به احساس خوب برسید.

سرنوشت شانسی نیست. مسئله‌ی انتخاب است.

این زندگی شماست. قاطعانه بگویم، تک‌تک تجربیات زندگی شما ناشی از تک‌تک افکار و احساساتی است که از خودتان فرستاده‌اید. چه این را باور کنید یا نکنید؛ زندگی شما شانسی نیست... سرنوشت شما در مشت خودتان است. هر فکر و هر احساس، آینده‌ی زندگی شما را مشخص می‌کند.

زندگی یک منو است؛ و شما فقط سفارش می‌دهید. آنچه را دوست دارید از آن کاتالوگ انتخاب کنید!

وقتی ماشین رؤیاهایتان، یا همسری دلخواه، اندامی مناسب، بچه‌ها و خصوصیاتی عالی را در فردی ببیند، به این معناست که شما با این جور چیزها هم فرکانس هستید! ذوق کنید چون ذوق و هیجان است که همین چیزها را برایتان انتخاب می‌کند.

حسادت شما را ازآنچه می‌خواهید دور می‌کند چون حسادت حس منفی است، درواقع منفی گرایی را به‌سوی خود میکشانید و آنچه را می‌خواهید با این نیروی بزرگ منفی گرایی پس می‌زنید.

خودتان زندگی‌تان را خلق می‌کنید. در مورد خودتان چه نظری دارید؟ آیا بر این باور هستید که کارهایی را می‌توانید انجام دهید و کارهایی را نمی‌توانید؟ اگر کسی به شما می‌گوید کمتر از فردی دیگر هستید، گوش نکنید. این حرف‌ها شما را ضعیف و محدود می‌کند و اعتمادبه‌نفس شما را پایین می‌آورد. به حرف کسا نی که می‌گویند شما از عهده چنین کاری برنمی‌آیید گوش نکنید. بگویید شاید شما نتوانید ولی من می‌توانم.

شما فردی لایق و شایسته هستید. همین حالا هم به حد کافی خوب هستید. اگر احساس می‌کنید کارهایی را انجام داده‌اید اشتباه بوده است، دوباره شروع کنید. خودتان، خودتان را ببخشید. چشم‌پوشی کنید از گذشته و راه جدیدی در پیش بگیرید.

آیا بر این باور هستید که دنیا همین هست که شما می‌بینید؟ آیا چیزهایی را که نمی‌بینید وجود ندارند؟ درواقع، همان رنگی را هم که در هر چیزی می‌بینید، در اصل رنگ واقعی نیست. هر چیزی تمام‌رنگ‌هایی را که جذب می‌کند که در خودش دارد و رنگی را منعکس می‌کند که در خودش ندارد؛ و شما آن رنگ را می‌بیند؛ بنابراین در آسمان هر رنگی وجود دارد به‌جز آبی.

صداهای زیادی هست که نمی‌توانید بشنوید، چون فرکانس آن‌ها بالاتر از حد شنوایی شماست؛ اما آن‌ها واقعی هستند. شما نمی‌توانید نور مادون‌قرمز و ماورای بنفش را ببینید چون فرکانس آن‌ها بالاتر از توان بینایی شماست... اگر شما تمام فرکانس‌های شناخته‌شده را به‌اندازه‌ی یک کوه مجسم کنید، تمام چیزهایی که می‌توانید ببینید، کوچک‌تر از یک توپ تنیس است.

شاید باور داشته باشید که دنیای واقعی از اجسام سه‌بعدی قابل‌رؤیت و قابل‌لمس تشکیل‌شده است؛ اما در اصل هیچ‌چیزی سه‌بعدی نیست؛ ماشینی که هم توی آن نشسته‌اید، نیروی متحرکی شامل انرژی و فضا است. بااین‌حال ماشین تا چه حد واقعی است؟

دقت کنید که ما هم مانند خداوند به قدرت خلق کردن مجهز شده‌ایم. او خالق هستی است و تمام ذرات جهان هوشمند است. ما می‌توانیم خواسته خود را به جهان اعلام کنیم؛ اما یک خواسته چطور خلق می‌شود؟ بارها در متن قرآن به خلقت آنی و لحظه‌ای خداوند و قدرت الهامات و خلقتی از هیچ چیز برمی‌خوریم. انگار همه‌چیز به ط.ر کاملاً سریع اتفاق می‌افتد و زمان در آن کاملاً بی‌معنی است. این همان کن‌فیکون (بشو، پس می‌شود) است و این دستور بر تمام کیهان فرماست.

- بَدِيعُ السَّمَاوَاتِ وَالْأَرْضِ ۖ وَإِذَا قَضَىٰ أَمْرًا فَإِنَّمَا يَقُولُ لَهُ كُنْ فَيَكُونُ

(بقره ۱۱۷)

پدیدآورنده آسمان‌ها و زمین است و چون به کاری اراده فرماید فقط می‌گوید باش، موجود می‌شود.

- قَالَتْ رَبِّ أَنَّىٰ يَكُونُ لِي وَلَدٌ وَلَمْ يَمْسَسْنِي بَشَرٌ ۖ قَالَ كَذَٰلِكِ اللَّهُ يَخْلُقُ مَا يَشَاءُ ۚ إِذَا قَضَىٰ أَمْرًا فَإِنَّمَا يَقُولُ لَهُ كُنْ فَيَكُونُ (آل‌عمران ۴۷)

(مریم) گفت: پروردگارا چگونه مرا فرزندی خواهد بود با آنکه بشری به من دست نزده است گفت چنین است (کار) پروردگار خدا هرچه بخواهد می‌آفریند چون به کاری فرمان دهد فقط به آن می‌گوید باش پس می‌باشد.

- إِنَّ مَثَلَ عِيسَىٰ عِنْدَ اللَّهِ كَمَثَلِ آدَمَ ۖ خَلَقَهُ مِنْ تُرَابٍ ثُمَّ قَالَ لَهُ كُنْ فَيَكُونُ.

الْحَقُّ مِنْ رَبِّكَ فَلَا تَكُنْ مِنَ الْمُمْتَرِينَ. (۵۹ و ۶۰ آل‌عمران)

درواقع مثل عیسی نزد خدا همچون مثل خلقت آدم است (که) او را از خاک آفرید. سپس بدو گفت پس باش پس وجود یافت. حق از جانب پروردگار توست. پس از تردیدکنندگان مباش.

■ هُوَ الَّذِي يُحْيِي وَيُمِيتُ ۖ فَإِذَا قَضَىٰ أَمْرًا فَإِنَّمَا يَقُولُ لَهُ كن فيكونُ. (غافر ۶۸)

او همان کسی است که زنده می‌کند و می‌میراند و چون به کاری حکم کند همین‌قدر به آن می‌گوید باش و بی‌درنگ موجود می‌شود.

■ إِنَّمَا قَوْلُنَا لِشَيْءٍ إِذَا أَرَدْنَاهُ أَنْ نَقُولَ لَهُ كن فيكونُ (النحل ۴۰)

ما وقتی چیزی را اراده کنیم همین‌قدر به آن می‌گوییم باش بی‌درنگ موجود می‌شود.

■ مَا كَانَ لِلَّهِ أَنْ يَتَّخِذَ مِنْ وَلَدٍ ۖ سُبْحَانَهُ ۚ إِذَا قَضَىٰ أَمْرًا فَإِنَّمَا يَقُولُ لَهُ كن فيكونُ (۳۵ مریم)

خدا را نسزد که فرزندی برگیرد. منزه است او چون کاری را اراده کند همین‌قدر که به آن می‌گوید موجود شو پس بی درنگ موجود می‌شود.

■ إِنَّمَآ أَمْرُهُۥٓ إِذَآ أَرَادَ شَيْئاً أَن يَقُولَ لَهُۥ كُن فَيَكُونُ. فَسُبْحَانَ الَّذِى بِيَدِهِ مَلَكُوتُ كُلِ شَىْءٍ وَإِلَيْهِ تُرْجَعُونَ (۸۲ و ۸۳ یس)

چون کارش به چیزی اراده فرماید، این بس که می‌گوید باش پس (بی‌درنگ) موجود می‌شود. پس پاک است آن کسی که هر چیزی در ملکوت در دست

اوست پس به‌سوی اوست که بازگردانیده می‌شوید.

واقعیت

جهان و احتمالات دیگری هم هست که شما نمی‌توانید آن را ببینید اما وجود دارد. شما باید واقعیت متفاوت را شروع کنید! شما باید زندگی خود را دوباره بسازید. چون هر چه که شما بگویید، چه خوب و چه بد، قانون جذب به شما اطمینان می‌دهد که آن را دریافت کرده‌اید.

واقعیت زندگی هرکسی با دیگران فرق دارد. شما تمام چیزهایی را در زندگی خود تجربه می‌کنید که آن‌ها را باور دارید. مثلاً اگر مدام درباره اینکه دختر خوب وجود ندارد یا پسر خوب وجود ندارد حرف بزنید، دنیا هم همیشه شما را در شرایطی قرار می‌دهد که شما ببینید دختر و پسر خوب وجود ندارد. درواقع شما آنچه را باور دارید، در واقعیت مشاهده می‌کنید.

اگر مدام با خود بگویید که قربانی زندگی شده‌اید، در این صورت بارها و بارها آن را تکرار می‌کنید. اگر تعریف می‌کنید که شما به باهوشی بقیه‌ی مردها نیستید، یا مثل بقیه‌ی مردم جذاب نیستید، یا مثل دیگران بااستعداد نیستید، حق با شماست چون دنیا مثل همین‌ها را به شما نشان می‌دهد. آنتونی رابینز کتابی دارد به اسم پرسش‌های کوانتومی. می‌گوید: سؤال‌هایتان را عوض کنید تا زندگی‌تان عوض شود. آن را رایگان در سایت گذاشته‌ایم. دانلود کنید و بخوانید و یا گوش کنید.

یک روش پرسیدن سؤال این است که سؤال‌های مثبت بپرسید. سؤال‌هایی بپرسید که جواب آن؛ حال شما را بهتر کند. مثلاً؛ چه چیزهایی را دوست دارم؟ چقدر انسان‌های خوب را دوست دارم؟ چه چیز دیگری وجود دارد که من دوست دارم؟ چه چیزهایی را می‌توانم ببینم که مرا واقعاً

خوشحال می‌کند؟ چه چیزی را می‌توانم ببینم که مرا به هیجان بیاورد؟ چه چیزی را می‌توانم ببینم که در ذهنم منتظرشان هستم؟ چه چیزهایی دارم که بابت آن شکرگزاری کنم؟ چه چیزی را دوست دارم بشنوم؟ وقتی این سؤالات ذهنی را مطرح کنید، ذهنتان چاره‌ای ندارد جز اینکه فوری مشغول جواب دادن شود. به‌محض اینکه ذهن شما درگیر جواب‌های سؤالاتتان شود، فوری از افکار دیگر دست می‌کشد.

اگر اختیار ذهنتان را در دست نداشته باشید، گاهی مثل یک ماشین ترمز بریده از جاده خارج می‌شود. شما راننده‌ی ذهنتان هستید؛ بنابراین کنترل آن را در دست بگیرید و آن را با دستورهایتان مبنی بر اینکه به کجا برود مشغول کنید... اگر به ذهنتان نگویید چه کار کند، سر خود به هر جا بخواهد می‌رود. این ذهن بسیار چموش و سرکش است. اختیارش را در دست بگیرید. ذهن برای کسانی که کنترلش نمی‌کنند، مثل دشمن عمل می‌کند.

شکرگزاری

شما بدون شکرگزاری نمی‌توانید به ثروت برسید. چون شکرگزاری است که شما را به ثروت متصل می‌کند.

افراد زیادی می‌شناسم که در بدترین وضعیت ممکن بودند و از طریق شکرگزاری، زندگی‌شان را کاملاً متحول کردند. من چیزهایی را دیدم که برایم تازگی داشت.

تک‌تک منجیان عالم از شکرگزاری استفاده کردند، چون همه‌ی آن‌ها خبر داشتند که شکرگزاری بالاترین ابزار عشق و از ارتعاش بالایی برخوردار است. آن‌ها می‌دانستند که وقتی شاکر باشند، در هماهنگی دقیق با قانون جذب زندگی می‌کنند.

همین الآن شروع کنید و بابت آنچه که دارید خدا را شاکر باشید.

شما می‌توانید فردی را که در این دنیا بیشتر از هرکس دیگری دوستش دارید، انتخاب کنید و به خاطرش سپاس‌گزاری کنید.

آلبرت اینشتین یکی از بزرگ‌ترین دانشمندانی بود که تاکنون زیسته است. اکتشافات او کاملاً دید ما را نسبت به کائنات متحول کرد. وقتی راجع‌به پیشرفت‌های تاریخی از او سؤال شد؛ اینشتین فقط راجع‌به تشکر کردن از دیگران حرف زد. یکی از باهوش‌ترین نوابغ عصر، از هر آنچه دیگران به او اهدا کرده بودند، تشکر می‌کرد- یک‌صد بار در روز؛ یعنی اینشتین حداقل صدبار در روز عشق نثار می‌کرد. انیشتین به‌وضوح می‌دانست که شکرگزاری بالاترین درجه ارتعاش را دارد.

در مورد تمام چیزهایی که دارید خدا را شکر کنید، هرقدر هم جزئی باشد، میزان بیشتری از همان چیزها را دریافت می‌کنید. اگر برای پولی که دارید، هرقدر جزئی، خدا را شکر کنید، پول بیشتری گیرتان می‌آید. اگر از بابت رابطه‌ای خدا را شکر کنید، حتی اگر آن رابطه آن‌قدرها هم عالی نباشد، رابطه‌تان هر روز بهتر و بهتر می‌شود... وقتی برای شغلی که دارید خدا را شکر کنید، حتی اگر شغل رؤیایی‌تان نباشد، فرصت شغلی بهتری به دست می‌آورید. چون؛

شکرگزاری مهم‌ترین تکثیرکننده‌ی زندگی است!

اگر تنها دعای شما در کل زندگی‌تان شکر خدا باشد، همین کافی است.

راه‌های زیادی برای استفاده از قدرت شکرگزاری در زندگی‌تان وجود دارد و تک‌تک آن‌ها را هر روز یادداشت کنید و به خاطر آن‌ها سپاسگزاری کنید.

به خاطر هر آنچه در زندگی‌تان دریافت کرده‌اید، خدا را شکر کنید.

به خاطر هر آنچه در زندگی‌تان دریافت می‌کنید، خدا را شکر کنید.

بابت هر آنچه در زندگی می‌خواهید، طوری که انگار همه‌ی آن‌ها را دریافت کرده‌اید، خدا را شکر کنید.

وقتی شاکر باشید، غیرممکن است که احساس غم و غصه کنید یا هر نوع احساس منفی دیگر داشته باشید. اگر در وضعیتی دشوار هستید، به دنبال چیزی بگردید که بابت آن شکر خدا را به‌جا بیاورید. وقتی چیزی را پیدا کردید، دنبال بعدی بگردید و سپس بعدی، چون تک‌تک چیزهایی که برای شکرگزاری پیدا می‌کنید، وضعیت شما را تغییر می‌دهد. شکرگزاری پلی است ازهر جهنمی که برای خود ساخته‌اید تا به بهشت.

وقتی در روز اتفاقی خوب برایتان می‌افتد، خدا را شکر کنید. مهم نیست تا چه حد جزئی باشد. درهرحال خدا را شکر کنید. هر وقت جای پارکی عالی پیدا کردید، به سر چهارراه که رسیدید چراغ سبز شد و جایی خالی در اتوبوس یا قطار پیدا کردید، خدا را شکر کنید. همه‌ی این‌ها مواردی که می‌توانید به خاطر آن شکرگزاری کنید.

بابت سیستم ایمنی که بدنتان را سالم می‌کند و شفا می‌بخشد و بابت تمام‌اندام‌های بدنتان که شما را سر پا نگه می‌دارد تا بتوانید زنده بمانید، خدا را شکر کنید. بابت ذهن عظیم و خارق‌العاده‌ات که هیچ کامپیوتری در جهان نمی‌توان همسان آن باشد، خدا را شکر کنید. کل بدن شما مانند آزمایشگاه بزرگی است که هر روز رایگان به شما خدمت می‌کند. چیزی مشابه آن در دنیا وجود ندارد.

بابت درختان، حیوانات، اقیانوس‌ها، پرندگان، گل‌ها، گیاهان، آسمان آبی، باران، ستارگان، ماه و سیاره‌ی زیبای ما، خدا را شکر کنید. با هر نفسی که می‌کشید باید شاکر باشید.

شاکر باشید. شاکر بودن خرجی ندارد اما از تمام ثروت‌های دنیا ارزنده‌تر است. شاکر بودن ثروت را مثل باران بر زندگیتان می‌بارد و از نعمت‌های زندگی غنی می‌کند. چون هر آنچه بابتش خدا را شکر کنید، تکثیر می‌شود!

نقش بازی کنید.

فقط یک راه مطمئن وجود دارد که حال و هوای شما را در قبال هر موردی در زندگی بهتر کند و آن این است که به کمک قوه‌ی تخیل یک بازی بسازید و بازی کنید. بازی کردن تفریح است؛ بنابراین وقتی بازی می‌کنید، واقعاً حال و هوای خوبی دارید. اگر خوب به فیلم‌های تلویزیون نگاه کنید می‌بینید بعضی از بازیگران همیشه نقش افراد ثروتمند را بازی می‌کنند و بعضی دیگر همیشه نقش‌های سطح پایین دارند. آن‌ها در زندگی واقعی خود هم این گونه‌اند. تصور کنید مثلاً ترامپ بخواهد نقش یک فقیر را بازی کند. نه می‌تواند و نه به چهره و قیافه ا ش نقش فقیر می‌خورد. او در زندگی واقعی هم نقش ثروتمندان را انتخاب کرده است. پس دنیا دیگر نقش آدم فقیر را به او نمی‌دهد، چون او از نظر ذهنی ثروتمند شده است. اگر هم ثروت را ازدست‌داده باشد، دوباره بلند می‌شود.

قرار است که شما در زندگی لذت ببرید. با قانون جذب بازی کنید. به کمک قوه‌ی تخیل خودت بازی‌هایی سر هم کنید، چون جهان متوجه نمی‌شود که شما واقعاً تجسم و بازی می‌کنید یا اعمالتان واقعی است. هر آنچه به قوه‌ی تخیل و احساسات خودتان بدهید، همان‌ها واقعی می‌شوند!

چطور بازی کنید؟ دقیقاً مثل بازیگران. درست همان کاری را بکنید که وقتی ثروتمند شدید انجام می‌دهید...

منطق شما را از نقطه الف به نقطه ب می‌رساند؛ اما تجسم شما را به هرجایی

می‌رساند. آلبرت انیشتین

برای شخصی که باور داشته باشد، همه‌چیز امکان‌پذیر است. حضرت مسیح

در مورد پول چه احساسی دارید؟ بیشتر مردم می‌گویند که عاشق پول هستند اما اگر پول به حد کافی نداشته باشند، در مورد آن حس خوبی ندارند. اگر فردی به میزان موردنیازش پول داشته باشد، پس قدر مسلم در مورد آن حال و هوای خوبی دارد.

تنها تفاوت این مردم ثروتمند و دیگران در این است که احساس خوب مردم ثروتمند نسبت به پول، بیشتر از احساس بد است.

دلیل اینکه عده‌ی زیادی از مردم حس بدی راجع‌به پول دارند این است که آن‌ها باورهایی منفی در مورد پول دارند و این باورهای منفی، در ایام کودکی در ضمیر ناخودآگاه آن‌ها راه پیدا کرده است. باورهایی مثل توان مالی این را نداریم. پول چرک کف دست است. پولدارها حتماً متقلب هستند. پول خواستن اشتباه است و کاری معنوی نیست، داشتن کلی پول یعنی صبح تا شب کار کردن، یا پول داشتن انسانیت نمیاره و ... بیشتر افراد این باورها را از خانواده خود می‌گیرند.

وقتی متوجه شوید که در هیچ موردی فقدان وجود ندارد، کل دنیا به شما تعلق خواهد داشت.

مهم نیست که شرایط مالی‌تان چگونه است؛ مهم نیست که کسب‌وکار، کشور و دنیایی که در آن زندگی می‌کنید در چه وضعیتی است. چیزی به نام وضعیت نابسامان وجود ندارد. افراد زیادی بوده‌اند که در ایام رکود اقتصادی زندگی می‌کردند و وضعشان رونق گرفت، چون آن‌ها از قانون تمرکز و توجه خبر داشتند. آن‌ها از طریق تجسم و احساس هر چیزی که دلشان می‌خواست، با این قانون جذب می‌کردند و در برابر شرایطی که داشتند

تسلیم نمی‌شدند و دوباره زندگی خود را می‌ساختند.

وقتی باورهایتان را که در مورد پول دارید تغییر دهید، میزان پول موجود در زندگی‌تان هم تغییر می‌کند. هرچه حس بهتری در مورد پول داشته باشید، پول بیشتری را به‌سوی خودتان جذب می‌کنید.

برای تغییر هر حال و هوایی که دارید، لازم است به کمک تجسم، صورت‌حساب‌هایتان را پر از پول تصور کنید. شما می‌توانید مجسم کنید که آن‌ها اصلاً صورت‌حساب نیستند و در عوض، شما تصمیم گرفته‌اید از روی بخشندگی پولی را به شرکت یا فردی بابت خدماتشان که برای شما فراهم آورده است، اهدا کنید. تجسم کنید که صورت‌حساب‌ها، چک‌های دریافتی هستند و از قانون شکرگزاری استفاده کنید و از شرکتی که صورت‌حساب را برایت فرستاده است، تشکر کنید. مثلاً در مورد قبض برق، بابت اینکه از خدمات آن‌ها بهره‌مند شده‌اید از اداره‌ی برق تشکر کنید. می‌توانید روی قبض‌هایتان بنویسید؛ خدایا بابت این چک سپاسگزارم.

اگر همان موقع برای پرداخت وجه قبض پول ندارید، جلوی آن بنویسید:«از بابت پول متشکرم». جهان در مورد اینکه تجسم یا احساس شما واقعی است یا نه از شما سؤالی نمی‌پرسد. صرفاً در برابر عمل شما واکنش نشان می‌دهد، فقط همین.

اگر در مضیقه‌ی مالی هستید، برای اینکه واقعاً در مورد پول حال و هوای خوبی داشته باشید، می‌توانید افکار وفور پول را برای مردمی که در طول روز در خیابان از کنارتان رد می‌شوند، بفرستید. به‌صورت هرکدامشان نگاه کنید و فکر کنید که کلی پول به آن‌ها می‌دهید. ذوق و شوق آن‌ها را هم مجسم کنید. آن را احساس کنید و بعد سراغ فردی دیگر بروید... انجام آن کاری ساده است. اگر واقعاً حال و هوای آن را احساس کنید، احساس شما در مورد

پول تغییر می‌کند و اوضاع مالی‌تان را هم تغییر می‌دهد.

باید شما کاری را انجام دهید که به آن علاقه‌مند هستید. چون کار کردن به شما شور و شوق می‌دهد. منظورم این است که شما کار می‌کنید چون عاشق آن هستید! و وقتی به هر کاری که می‌کنید عشق بورزید، پول هم به دنبالش می‌آید!

دست از گله و شکایت از کار و زندگی بردارید؛ و مشغول هر کاری هستید آن را با عشق انجام دهید.

حتی وقتی خودتان نمی‌دانید دلتان می‌خواهد در زندگی چه کار کنید، تنها کار لازم این است که از طریق احساسات خوب، ارتعاش خوب بفرستید تا هر چیزی را که دوست دارید به‌سوی خودتان جذب کنید. حال و هوای عشق شما را به سر منزل مقصود می‌رساند.

نکته طلایی: موفقیت کلید شادی نیست؛ شادی کلید موفقیت است.

بزرگ‌ترین عاملی که باعث از رونق افتادن کسب‌وکار می‌شود، داشتن احساسات بد در مورد عدم موفقیت است. حتی اگر کسب‌وکارتان رونق داشته باشد اما وقتی کمی بی‌رونق می‌شود با گله و شکایت واکنش نشان دهید، کسادی بیشتری را در کسب‌وکارتان ایجاد می‌کنید. تمام و آمال و آرزوهایتان که باعث رونق کسب‌وکارتان می‌شود، روی فرکانس عشق قرار دارد؛ بنابراین شما باید راه‌هایی را که احساس خوب در مورد کسب‌وکار به شما می‌دهد پیدا کنید و خودتان را به بالاترین فرکانس ممکن برسانید.

جهان راه‌های بی‌حدوحصری برای دریافت هر آنچه دلت می‌خواهد دارد و پول صرفاً یکی از این راه‌هاست. این فکر اشتباه را نکنید که پول صرفاً تنها راه برای دریافت چیزهاست. این تفکر محدود است و زندگی‌تان را محدود

می‌کند!

قانون کارما:

آنچه آدمی بکارد همان را درو خواهد کرد؛ یعنی هرآنچه آدمی بگوید یا انجام دهد؛ به خود او بازخواهد گشت؛ و هرچه بدهد بازخواهد گرفت. اگر همه افراد را خودتان ببینید دیگر به هیچ‌کس بدی نمی‌کنید. چون بدی در حق او بدی در حق خودتان است.

اگر نفرت بورزید، نفرت درو می‌کنید؛ و اگر عشق ببخشید، عشق پس می‌گیرید... اگر انتقاد کنید، از شما انتقاد خواهد شد. اگر دروغ بگویید به شما دروغ خواهند گفت؛ و اگر تقلب کنید به شما کلک خواهند زد.

ذهن نیمه هشیار، حس شوخ‌طبعی ندارد؛ و مردم اغلب با شوخی‌هایشان تجربه‌هایی ناخوشایند برای خود می‌آفرینند. چه شوخی‌های بی‌موردی با هم انجام می‌دهیم و غافل از اینکه دنیا شوخی سرش نمی‌شود. هر چه از دهان شما خارج شود یا فکری از سر شما بگذرد عین همان به شما برمی‌گردد...

وفور نعمت همواره بر سر راه انسان است؛ اما از طریق آرزو کردن و ایمان داشتن به زندگی شما وارد می‌شود.

جز تردید و هراس، هیچ‌چیز نمی‌تواند میان انسان و بزرگ‌ترین آرمان‌ها یا مرادهای دلش فاصله ایجاد کند. به‌محض اینکه آدمی بتواند بی‌هیچ دلهره‌ای آرزو کند، هر آرزویی بی‌درنگ برآورده خواهد شد. حضرت مسیح می‌فرماید: ای کم ایمانان چرا ترسانید؟

کسی را می‌شناسم که با خواندن نوشته‌ای که بر دیوار اتاقی آویخته بود،

ناگهان همه‌ی هراس‌هایش از میان رفت و دلش سرشار از ایمان شد. مضمون آن تابلو چنین بود: چرا نگران باشیم؟ شاید هرگز پیش نیاید. این کلمات چنان محو ناشدنی بر ذهن نیمه هشیار او نقش بست که اکنون معتقد است که تنها خیر و نیکی می‌تواند به زندگی‌اش راه یابد. از این رو جز خیر و نیکی نیز پیش نمی‌آید. فال خوب زدن در زندگی نیز چنین است. اگر برای هر کاری فال نیک بزنید، با موفقیت آن را به اتمام می‌رسانید.

چنان دعا کنید که انگار آن را دریافت کرده‌اید. با ایمان دعا کنید. باید چنان رفتار کنید که گویی پیشاپیش آن را به شما داده‌اند.

هر انسانی صاحب آن چیزی است که در رؤیاهای خود می‌بیند و می‌اندیشد. هرکار و هر توفیق بزرگ با چشم برنداشتن از آن تصویر به وقوع می‌پیوندد؛ و معمولاً درست پیش از کامیابی عظیم، ناامیدی شما را فرامی‌گیرد...

کسی که از قدرت کلام باخبراست، به هنگام گفتگو دقت می‌کند... کافی است مراقب واکنش کلامش باشد تا بداند آنچه می‌گوید به خودش برمی‌گردد... انسان با کلامی که بر زبان می‌آورد پیوسته قوانینی برای خود وضع می‌کند. اگر مدام پشت سر دیگران حرف می‌زنید؛ تمام آن‌ها را به زندگی خودتان می‌کشانید.

نعل اسب یا مهره مار که قدرتی ندارد. این کلام و اعتقاد خودِ انسان است که در ذهن نیمه هشیار، امید و انتظار می‌آفریند و برایش شگون و خوش‌اقبالی می‌آورد؛ یا بهترین‌ها را به‌سوی خود جذب می‌کند.

تنها چیزی که می‌تواند در ذهن نیمه هشیار دگرگونی پدید آورد، تأکید بر این نکته است که: «دو قدرت وجود ندارد. تنها یک قدرت هست: قدرت خدا. پس دلسردی نیز وجود ندارد و این یعنی شجاعت. وقتی بدانید یک خدا وجود دارد؛ دیگر به هرکسی التماس نمی‌کنید تا به شما کار دهد یا پول و یا

از عشقتان نمی‌خواهید که به زور رابطه‌اش با شما را حفظ کند.

چون به این باور می‌رسید که همه‌چیز با اراده او انجام می‌شود.

هر روز درباره خواسته‌هایتان با دیگران صحبت کنید. برای طلبِ شفا و برکت و سعادت روی صحبت را بازکنید. هر آنچه آدمی درباره‌ی دیگران بگوید، درباره‌ی او خواهند گفت؛ و هرآنچه برای دیگری آرزو کند، همانا برای خود آرزو کرده است.

لعن و نفرین به خود دشمنام دهنده بازمی گردد. اگر انسانی برای کسی بدبختی بخواهد، بی تردید بدبختی به سراغ خود او خواهد آمد. اگر بخواهد به کسی کمک کند تا به موفقیت برسد، همانا راه موفقیت خود را هموار کرده است.

انتقاد مدام باعث ایجاد روماتیسم در بدن می‌شود. چون افکار ناشی از بدبینی و ناهماهنگی، خون را مسموم می‌کند و این سموم در مفاصل رسوب می‌کنند استخوان‌هایتان درد ناک می‌شود و زندگی غیر قابل تحمل می‌شود.

اصولاً هر مرضی حاصل ذهنی ناآرام و گله مند است که به‌جای تغییر خودش، مدام از دیگران خرده می‌گیرد.

عدم بخشایش علت عمده‌ی امراض است. تصلب شرایین یا درد استخوان می‌آورد و بر بینایی اثر می‌گذارد؛ و اگر بخواهیم نام این بیماری‌ها را بشمریم سر به جهنم می‌زند. لطفاً خودتان را به خاطر آنچه انجام داده‌اید ببخشید؛ زیرا خداوند همه گناهان را می‌بخشد. خداوند را بسیار مهربان و رحیم بدانید.

تنها دشمنان انسان در درون خود او هستند.

به دشمنان خود محبت کنید و برای لعن کنندگان خود برکت بطلبید و به

آنانی که از شما نفرت دارند احسان کنید و به هرکه به شما جفا کرده است دعای خیر کنید. اگر می‌خواهید دشمنانتان را خلع سلاح کنید؛ برایشان برکت بطلبید.

چینی‌ها می‌گویند که آب از آن رو نیرومندترین عنصر است که کاملاً غیرمقاوم است. آب می‌تواند صخره را بشکافد و هرچه را که در برابرش قرار گیرد بروبد و از سر راه بردارد.

خداوند می‌فرماید هر خیری که به شما رسد از جانب من است و هر شری به شما برسد از جانب خود شماست. شر فقط زاییده خیال آدمی است. خداوند خیر مطلق است.

پیاپی این عبارت را تکرار کنید: «من خودم را دوست دارم و خدا نیز مرا دوست دارد.»

من به مردم خدمت می‌کنم و از این کار لذت می‌برم.

برای دشمن خود برکت بطلبید تا او را خلع سلاح کنید. از این طریق، مهمات او را از چنگش می‌ربایید و تیرهای او را به برکات بدل می‌کنید.

این قانون، هم در مورد افراد صادق است، هم در مورد ملتها. برای یکایک افراد تمام ملت‌ها برکت بطلبید تا قدرت آزار رسانیدن را از آن‌ها سلب کنید. دشنام فقط به زندگی شما وارد می‌شود.

با خود تکرار کنید که کارهای من امروز به خوبی انجام خواهد شد و من برای روزی چنین عالی و تمام‌عیار، خدا را شکر می‌کنم. امروز معجزه پس از معجزه خواهد آمد و خداوند مرا با معجزاتش خوشحال خواهد. منتظر هر چه باشید همان پیش خواهد آمد.

آنگاه که انسان تصویر تنگدستی را از صفحه‌ی ذهن خود پاک کند،

فرمانروای ثروت خواهد شد و هر آرزوی دلش برآورده خواهد شد.

آدمی تنها آنچه را که می‌دهد بازمی ستاند. بازی زندگی، بازی بومرنگ‌ها است؛ و پندار و کردار و گفتار انسان - دیر یا زود - با قدرتی حیرت انگیز به خود او بازمی گردد.

کسی که چشم امیدش به خدا باشد هرگز درنمی ماند؛ و خدا هر گز دیر نمی‌کند. رزق هر روزتان را از خدا بطلبید.

بسیاری از مردم از این واقعیت غافلند که بخشش نوعی سرمایه گذاری است و اندوختن از سرِ حرص و احتکار، جز تنگدستی عاقبتی ندارد. هر چه را لازم ندارید ببخشید تا بیشتر دریافت کنید. با فروختن وسایل اضافه چیز زیادی گیرتان نمی‌آید ولی با بخشیدن آن درهای رحمت خداوند باز می‌شود.

اگر انسان به منشأ رزق و روزی خود توکل کامل داشته باشد، صاحب برکاتی بی کران و پایان ناپذیر خواهد بود. منتها ایمان یا توکل باید سر لوحه زندگیتان باشد.

وانمود کردنِ مدام نیز بر ذهن نیمه هشیار اثر می‌گذارد. اگر کسی وانمود کند که ثروتمند و موفق است، شبیه آن‌ها خواهد شد.

انسان آن قدر با اندیشیدن به جدایی و تنگدستی، خود را از برکات و نعمات خود جدا کرده است که گاه باید زمان زیادی را صرف از بین بردن با ور های خودش بکند.

انسان باید لحظه‌به‌لحظه، ذهن خود را کنترل کند تا ببیند در حال فکر کردن به چه چیزی است. ذهن خود را کنترل کنید تا دنیایتان تغییر کند.

اگر کسی پول را تحقیر کند هرگز نمی‌تواند آن را به‌سوی خود جذب کند. چه

بسیارند افرادی که با گفتن جملاتی از این دست: پول به چشم من نمی‌آید و یا ثروتمندان همگی دزد هستند، در فقر مانده‌اند.

خدا روزی‌رسان خستگی ناپذیر آدمی است و برکات او تمام ناشدنی است. هر چه می‌خواهید بدون ترس از او بخواهید.

گرایش معنوی نسبت به پول این است که خزانه دار کل، با آن عظمت و جلال کبریایی که درنمی ماند!

قدیمی‌ها می‌گفتند مادری که دل نگران فرزندش نباشد مادر نیست؛ اما اکنون می‌دانیم که ترس مادرانه مسئول چه بسیار ناخوشی‌ها و حوادثی است که به سراغ بچه‌ها می‌آید.

چون ترس با وضوحی هرچه تمامتر بیماری یا وضعیتی را که مادر از آن بیم دارد ترسیم می‌کند و اگر این تصاویر بی تردید به عینیت درمی آیند.

خوشا به حال مادری که می‌تواند صمیمانه بگوید که فرزندش را به دست خدا می‌سپرد و از این رو یقین دارد که فرزندش در پناه حمایت الهی است.

چگونگی رسیدن به خواسته‌ها

اغلب از من می‌پرسند چگونه باید به خواسته‌ی خود برسیم؟

شما فقط باید با خواسته خود هم ارتعاش شوید. مدام آن را با اشتیاق سوزان بخواهید و از خدا هدایت بطلبید. به خدا بگویید «خدا یا راه را نشانم بده. اگر باید کاری بکنم، مرا آگاه کن» و هر روز دعا کنید. دعا گفتگوی شما با خداست.

«خدایا، راه را برای رزق و روزی من باز کن؛ بگذار همه‌ی آنچه که حق من است هم‌اکنون به‌صورت روزی‌های فراوان به من برسد. خدایا تمام چشم

امیدم به توست.»

بخشیدن راه دریافت را می‌گشاید. برای گشایش مالی باید ازآنچه به شما داده شده است انفاق کنید. حتی به‌اندازه چند لقمه‌ی نانی.

صورت‌حساب‌ها را باید با خوشی و احساس خوب پرداخت. کنید پول را باید بی باکانه و دعای خیر و با قلبی شاد بخشید.

دودلی مانعی است که بر سر بسیاری از راه‌ها می‌ایستد. برای غلبه بر آن، بارها این عبارت را تکرار کنید: «من به خداوند توکل می‌کنم و از شر شیطان به او پناه می‌برم.»

این کلام بر ذهن نیمه هشیار اثر می‌گذارد و چندی نمی‌گذرد که آدمی خود را بیدار و هوشیار احساس می‌کند و با عزمی جزم گام‌ها درست را برمی دارد.

هرگاه انسان برخداوند امید ببندد، تمامی حق خود را از این خزانه‌ی عظیم نعمت به دست می‌آورد.

تردیدها و ترس‌ها و نفرت‌ها و حسرت‌ها مغز انسان را مسموم می‌کند و او را بیمار می‌نماید.

تنها راهزنی که دار و ندار آدمی را به یغما می‌برد، اندیشه‌های منفی خود او است.

با ایمان بطلبید که خداوند فرموده است: بخوانید مرا تا اجابت کنم شما را ... خدا چاره ساز است.

کسانی را دیده‌ام که بی‌هیچ آمادگی قبلی یا با آموزشی اندک، کاری کاملاً تازه را آغاز کرده‌اند و به هیچ مشکلی هم برنخورده‌اند. مدام تکرار کنید: من به هر کاری دست می‌زنم به لطف خدا از آنجا سود می‌کنم.

هر انسانی در درون خویش، صاحب قطب نمایی به نام احساس است. اگر با احساس خود راه بروید گمراه نخواهید شد.

قوه‌ی تخیل نیرویی است آفریننده. همیشه باید کلماتی را انتخاب کنید که مثبت باشند.

انسان به عالمی پا می‌نهد که خدا رزق و روزیش را تأمین کرده است و هرآنچه آرزومند یا نیازمند است پیشاپیش برسر راه او است. هرچند که باید این خزانه را با ایمان خود، یا با کلامی که بر زبان می‌آورد بگشاید.

جایی که ترس و بیم و وحشت وجود داشته باشد، از احساس خوب خبری نیست. احساس ایمنی و شادمانی، حاصل ایمان کامل به خدا است.

یعنی زمانی که انسان یقین دارد قدرتی شکست ناپذیر از او و هر آنچه که دوست می‌دارد حمایت می‌کند و همه‌ی خواسته‌هایش می‌رسد؛ می‌تواند رها از هرگونه فشار عصبی، احساس رضایت و شادمانی کند.

آنگاه دیگر زود عصبانی و ناراحت نمی‌شود. چون یقین دارد که خداوند از منافع و مصالح او حمایت می‌کند و از هرلحظه تلاش می‌کند که از زندگی لذت ببرد.

اگر انسان چیزی را از دست بدهد، نشان می‌دهد که در ذهن نیمه هشیار او اعتقاد به از دست دادن وجود دارد. به‌محض اینکه انسان این اعتقاد کاذب را از ذهن نیمه هشیار خود پاک کنید و بگویید آنچه را که از دست داده‌ام یا معادل آن را خداوند به من خواهد داد.

تصادفات، پیری و بیماری و شکست، همه حاصل دست برنداشتن از تصاویر نادرست ذهنی است.

اگر آدمی خود را چنان ببیند که خدا او را می‌بیند، موجودی می‌شود متعالی

که قدرت خلق کردن دارد؛ زیرا «خداوند از روح خود در انسان دمیده است.»

از قدیم گفته‌اند از هرچه بدت بیاید سرت می‌آید؛ یعنی تو همانی را جذب می‌کنی که در سرت داری.

آدمی همواره در بیرون همان را درو می‌کند که در عالم اندیشه‌ی خود کاشته است.

گرایش معنوی به پول این است که خدا روزی‌رسان آدمی است و انسان با ایمان هر ثروت و آنچه را بخواهد از بدستش می‌آورد.

انسان آگاه از این حقیقت، حرص و طمع به پول را از دست می‌دهد. در خرج کردن بی باک می‌شود و هدیه می‌دهد تا از دست خدا روزی بیشتری کسب کند.

خدا معجزات خود را از راه‌های عجیب به انجام می‌رساند.

تنها آن چیزهایی را به خود جذب می‌کنید که بی‌نهایت به آن می‌اندیشید.

پس اگر مدام به فقر فکر کنید، فقر را به خود جذب می‌کنید؛ و اگر مدام به بی‌عدالتی فکر کنید، بی‌عدالتی بیشتری را به‌سوی خود می‌کشانید.

هرگاه بدانیم آنچه بفرستیم به خودمان بازمی‌گردد، تازه آنگاه شروع می‌کنیم به ترسیدن از بومرنگ‌های خودمان.

تردیدها و ترس‌ها شما را از خواسته‌تان دور می‌کنند. با وضعی روبه رو می‌شوید که امیدی در آن نمی‌بینید. می‌پرسید حالا چه باید کرد؟ اعتمادبه‌نفس خود را تقویت کنید.

جایی که راه نیست خدا راه می‌گشاید!

دشمنان شما افکار منفی خودتان است: با افکار مثبت زندگی کنید.

خود را ثروتمند و موفق احساس کنید تا احساس خوب شما را ثروتمند کند.

هیچ‌کس چیزی به آدمی نمی‌دهد مگر خود او؛ و هیچ‌کس چیزی از آدمی دریغ نمی‌دارد مگر خود او. «بازی زندگی» یک بازی انفرادی است. اگر خودتان عوض شوید، همه‌ی اوضاع و شرایط عوض خواهد شد. خودتان تغییر کنید تا دنیای اطرافتان به طرز عجیبی تغییر کند.

با ایمان دعا کنید و با حسن ظن هر چه را می‌خواهید از خداوند درخواست کنید. به شما می‌گویم وقتی دعا می‌کنید یقین بدانید که آن را یافته‌اید و به شما عطا خواهد شد.

ایمان دارید خدایی که صاحب همه‌ی فراوانی‌ها است نخواهد گذاشت باری به دوش بکشید: اگر قرض باشد و یا هر چیز دیگر. هر وقت احساس کردید بار زندگی بر دوش شما سنگینی می‌کند؛ آن را به خدا بسپارید.

اتکا به حقوق ماهانه و درآمد و پس انداز و سرمایه‌ی خودتان است که چه بسا یک شبه بر باد می‌رود.

اما توکل به خدا است که شما را قدرتمند می‌کند. توکل به خدای روزی‌رسان. اگر می‌خواهید دارایی خود را حفظ کنید باید دریابید که همه آن‌ها را از خدا دارید؛ و آنچه را که الله عطا کند، کمی و کاستی نمی‌گیرد؛ و اگر دری بسته شود، دری دیگر باز می‌شود.

مردم اغلب می‌گویند که پولی برای روز بیماری کنار می‌گذارند. آن‌ها با پای خود به استقبال بیماری می‌روند. یا می‌شنویم که مردم می‌گویند: «برای روز مبادا پس انداز می‌کنم.» روز مبادا نیز بی تردید در سخت‌ترین شرایط از راه می‌رسد.

بعضی‌ها بر این باور هستند که: «باید منتظر بدتر از این‌ها باشیم.» یا اینکه: «تازه از این هم بدتر خواهد شد.» بی خبر از اینکه با به زبان آوردن چنین

کلماتی، خود به استقبال بدتر از این‌ها می‌روند.

اما کسانی را می‌بینیم که همیشه منتظر اخبار خوب و تغییرات مثبت هستند. این گروه نیز به استقبال اوضاع و شرایطی مطلوب‌تر می‌روند.

باورهایتان را عوض کنید تا اوضاع و شرایطتان عوض شود.

اما وقتی عادت کرده‌اید که منتظر فقر و کمبود و شکست باشید، چگونه می‌توانید باورهایتان را عوض کنید.

چنان رفتار کنید که انگار منتظر موفقیت و شادمانی و فراوانی هر روز با فال نیک شروع کنید.

مردم می‌گویند: «من به هیچ مغازه‌ای نمی‌روم. چون پولی ندارم تا چیزی بخرم.» درست به همین دلیل باید وارد مغازه‌ها بشوید. می‌توانید یک اسکناس داخل کیفتان بگذارید و به خرید بروید. با خیالتان آنچه می‌خواهید بخرید. ذهن شما کم‌کم باور می‌کند شما پول دارید.

وقتی چشم امیدتان به خدا باشد، هیچ‌چیز آنقدر عجیب نیست که اتفاق نیفتد. کارهایی که برای شما سخت است برای خدا کاری ندارد.

«علاءالدین و چراغ جادو» یعنی تصویر عینی کلمه. علاءالدین چراغ را دزدید و به همه‌ی آرزوهای خود رسید. افکار شما چراغ جادو است! واژه‌ها و اندیشه‌ها نوعی رادیواکتیویته‌اند که آنچه را شما می‌خواهید برایتان می‌آورند... دانشمندی گفته است که کلمات در هاله‌ای از نور قرار دارند؛ و انسان مدام ثمره‌ی کلام خود را دریافت می‌کند.

«دعا تلفن شما است به خدا؛ و شهود تلفن خدا است به شما.»

توکل به خدا مستلزم قدرت و شهامت فراوان است. ما اغلب در امور کوچک به خدا توکل می‌کنیم؛ اما وقتی مشکلی بزرگ پیش می‌آید فکر می‌کنیم بهتر

است خودمان دست به کار شویم؛ و به‌این‌ترتیب، برای شکست خود را آماده می‌شویم.

مردم فکر می‌کنند که با فرار از موقعیتی بدی که الان دارند می‌توانند از شر آن خلاص شوند. بی خبر از اینکه به هر کجا بروند وضعیت همان است.

و آنقدر این تجربه‌ها در زندگی آن‌ها تکرار می‌شود تا درس‌هایی را که باید بیاموزند فرا گیرند.

قانون «بی توجهی» می‌گوید: به هر چیزی که نمی‌خواهید بی توجه باشید، از زندگی شما خواهند رفت.

وقتی که دیگر از هیچ‌چیز ناراحت نشوید، ناراحتی‌های بیرونی هم ناپدید می‌شوند.

هرگاه به اهمیت هر اندیشه و هر حرفی که می‌زنید پی ببرید؛ عادت می‌کنید که در هرروز مراقب افکار و کلامتان باشید...

راه فراوانی خیابانی یک طرفه است؛ یعنی راه برگشت ندارد.

تازگی یک نفر به من تلفن کرد و گفت: کاری پیدا نمی‌کنم. همه‌چیز کساد است. گفتم افکارت را عوض کن تا کار پیدا شود.

چون عیسی مسیح می‌گوید: «برای هیچ‌چیز گله و شگایت نکنید، بلکه در هر چیز با دعا و شکرگزاری خواسته‌های خود را به خدا عرض کنید.»

حمد و ثنا، درها و دروازه‌ها را می‌گشاید؛ زیرا امید و انتظار همواره پیروز می‌شود.

هرگاه ازمن می‌پرسند اوضاع و احوال چگونه است می‌گویم: از آسمان و زمین برایم طلا می‌بارد. شما هم تکرار کنید تا نتیجه آن را ببینید.

برای به دست آوردن ثروت باید از سر تا پا طلب و اشتیاق بود. باید خود را

ثروتمند احساس کنید و غنی بدانید. بی‌وقفه برای ثروت و دولت آماده باشید و مدام خود را آماده کنید. چون کودکی خردسال شوید و وانمود کنید که ثروتمندید. چون آن وقت با امید و انتظار بر ذهن نیمه هشیار اثر می‌گذارید.

شهود یعنی گواهی دل؛ یعنی همان که ضمن صحبت می‌گوییم: «به دلم افتاد!»

این بدان معنا نیست که همه‌ی دار و ندار خود را دور بیندازید. منتها به آن‌ها متکی نباشید. به خزانه‌ی غیبی خود تکیه کنید: یعنی به خزانه‌ی خداوند.

هر روز مثبت اندیشی را تمرین کنید.

پس بیایید تا خود را ثروتمند و سالم و خوشبخت تصور کنیم: و همه‌ی امور خود را سرشار از نظم الهی ببینیم؛ اما راه تحقق آرزو را به دست عقل کل بسپاریم.

او حربه‌هایی دارد که شما را از آن‌ها بی خبرید؛ و تدابیری که شما را به تعجب وا می‌دارد.

مدام تکرار کنید که: من منتظر رحمت‌های الهی هستم. من سرشار از شادی‌ام.

فرقی نمی‌کند که چه کاری می‌کنید. در هر صورت هدایت بطلبید. طلب هدایت، نه‌تنها وقت و نیرو بلکه اغلب یک عمر فلاکت و نکبت را می رهاند. یک عمر منفی بافتید، این چند صباح را مثبت باشید.

هنگامی که آدمی به قدرت خدا توکل می‌کند - رها از هر گونه قیدوبند - به عالم مطلق می‌پیوندد. بیایید این قدرت نهفته را که هرلحظه می‌توانیم با عمق وجود درک کنیم.

با احساس درونی‌تان نگاه کنید تا به شادی برسید. خیالات نا درست را کنار

بگزارید.

همیشه گفته‌ام تنها آن عبارتی را تکرار کنید که به «دلتان می‌نشیند»؛ یعنی کلامی که به شما احساس ایمنی و اطمینان می‌بخشد.

تا حد امکان هرچه کمتر درباره‌ی کارهای خود صحبت کنید. آن هم تنها با کسانی که به شما دلگرمی و الهام می‌بخشند. چون دنیا پُر از آدم‌هایی است که «نفوس بد» می‌زنند. مردمی که تنها بلدند بگویند: اینکه محال ه و یا واقعاً که تو زیادی بلند پروازی!

خدا معجزات خود را به شیوه‌هایی اسرار آمیز به انجام می‌رساند. مشکل بیشتر مردم این است که می‌خواهند بدانند چگونه و کی به خواسته‌هایشان می‌رسند... می‌خواهند به عقل کل بگویند چگونه دعایشان را مستجاب کند. به خرد و کاردانی و تدابیر خدا توکل نمی‌کنند. وقتی دست به دعا بر می‌دارند، برای خدا تعیین تکلیف می‌کنند که از کدام راه خواسته‌ی آن‌ها را برآورد. از این رو قادر مطلق را در قیدوبند حدود می‌گذارند و جز بی صبری حاصلشان چیزی نمی‌شود.

کارهایتان را به خداوند بسپارید؛ و به او توکل کنید که آن را انجام خواهد داد. ظاهراً سپردن کار به دست خدا در حرف آسان ولی در عمل سخت است. اعتماد کردن به خدا چقدر سخت است؟

توکل به خدا به آدمی نیرویی مقاومت ناپذیر می‌بخشد. چون فقط خدا است که راه انجام را می‌داند. به او توکل کنید چراکه آن را انجام خواهد داد.

بسیاری از مردم به‌جای توکل به قدرت خدا از اراده شخصی خود کمک می‌گیرند که همواره واکنشی ناخوشایند درپی خواهد داشت. اراده شخصی یعنی کارها را به تنهایی بخواهیم انجام دهیم.

هرگز نکوشید کسی را عوض کنید. تنها کسی که باید عوض شود خودتانید. خودتان که عوض شدید همه‌ی اوضاع و شرایط پیرامونتان نیز عوض می‌شوند. مردم نیز تغییر می‌کنند.

زندگی هرکس تصویری است عینی از حاصل جمع باورهایی که در ذهن نیمه هشیارش نقش بسته است. پس به هر کجا که بروید عیناً همان اوضاع و شرایط را با خود می‌برید.

خداوند هم راه خروج را می‌داند و هم راه برآوردن هر تقاضا را؛ اما باید به او توکل کرد. توکل یعنی آرامش خود را حفظ کردن و از سر راه او کنار رفتن. چه بسیارند کسانی که از کسان دیگر می‌ترسند. یا از اوضاع و شرایط ناخوشایند خود می‌گریزند. البته به هر کجا که بروند، این اوضاع و شرایط نیز آنها را دنبال می‌کند.

کافی است در این شرایط فقط بی توجه باشند تا موضوع ناخوشایند از زندگی‌شان بیرون رود. برای بیرون راندن هیچ چیز با آن نجنگید. چراکه اگر برود، شبیه خودش را می‌آورد.

پس مدام این عبارت را تکرار کنید: فقط آن را می‌خواهم که خدا برایم می‌خواهد. من در صلح و آرامش هستم.

پس با حمد و ثنا خواسته‌های خود را بخواهید تا عظمت و جلال این قانون را در صحنه‌ی عمل به چشم ببینید. برای هیچ چیز نگران نباشید؛ بلکه در هر چیز با دعا و شکرگذاری خواسته‌های خود را به خدا عرض کنید.

به زندگی گذشته‌ی خود بنگرید تا ببینید چگونه با افکارتان سعادت یا مصیبت را به زندگی خود راه داده‌اید... ذهن نیمه هشیار، ذره‌ای حس شوخ‌طبعی ندارد. مردم به‌گونه‌ای مخرب درباره‌ی خود شوخی می‌کنند و ذهن نیمه

هشیار نیز آن را جدی می‌گیرد. به‌محض اینکه سخن می‌گویید تصویری ذهنی ایجاد می‌کنید که بر ذهن نیمه هشیار اثر می‌گذارد و آنگاه آن تصویر در بیرون جلوه‌گر می‌شود و عینیت می‌یابد. انسانِ باخبر از نفوذ کلام، در گفتار خود دقت بسیار به خرج می‌دهد؛ زیرا کافی است مراقب واکنش کلام خود باشد تا بداند که به‌سوی خودش برمی‌گردد. مردمانی که به هنگام خشم یا نفرت سخن می‌گویند بزرگ‌ترین خطا را مرتکب می‌شوند؛ زیرا کلامشان عواقبی سخت ناخوشایند خواهد داشت.

انزجار و ناشکیبایی، قدرت آدمی را از چنگ او می‌رباید. باید در دیوارها، این نوشته‌ها را به دیوارها بچسبانیم که: «مراقب اندیشه‌هایت باش!» «مراقب کلامت باش!»

به هرچه توجه کنید به مرور شبیه آن می‌شوید. پس هرگز درباره‌ی چیز مخربی صحبت نکنید چون کم‌کم شبیه آن می‌شوید...

از هرچه بدتان بیاید سرتان می‌آید و از هرچه بترسید همان را به‌سوی جذب می‌کنید. مثلاً کسی شما را مسخره کرده است و شما نیز از پر از خشم و نفرت اید و نمی‌توانید او را ببخشید. زمان می‌گذرد و دوباره شخص دیگری عیناً همان کار را با شما می‌کند. دلیل این امر این است که شما مدام به آن موضوع فکر کرده‌اید و در ذهنتان آن را بارها تکرار کرده‌اید و این موضوع آنقدر تکرار می‌شود که تصور می‌کنید چقدر آدم بی‌خودی هستید که همه شما را مسخره می‌کنند. برای خنثی کردن این وضعیت تنها یک راه وجود دارد. به هرچه بی انصافی بوده بی توجه باشید و همه آن‌ها را ببخشید. به همین راحتی از این موضوع تکراری خلاص می‌شوید.

مدام این عبارت را تکرار کنید که: «من هم‌اکنون همه‌ی دشمنانم و دوستانم را می‌بخشم و برای آنان برکت می‌طلبم...» از عملکرد این قانون دچار حیرت خواهید شد. با تکرار آن عبارت، به زندگی خود نظم و هماهنگی ببخشید.

به گذشته نگاه نکنید؛ و به روزگار سختی که گذراندید، فکر نکنید. چون دیگر بار گرفتار همان اوضاع خواهید شد. برای طلوع روزی تازه شکر گذاری کنید... در برابر هر امر دلسرد کننده یا ناامید کننده به خدا پناه ببرید.

افکار خود را عوض کنید تا جهانِ شما دگرگون شود؛ زیرا افکارتان جهانتان است.

یک بار زنی به من گفت: «عاشق این هستم که از کار مردم سردربیاورم.» دلخوشی زندگیش غیبت و سخن چینی بود. جملاتی که به کار می‌برد، این طور شروع می‌شد که: «راستی به من گفته‌اند که...»، «تازگی فهمیدم که...» یا «شنیده‌ام که...» شاید نیازی نباشد که بگویم اکنون تاوان این کار خود را پس می‌دهد. چون بدبختیِ بزرگی برایش پیش آمده و همه‌ی مردم از جزئیات زندگی خودِ او باخبر شده‌اند. غفلت از امور خود و کنجکاویِ بیهوده در کارهای دیگران، کاری بسیار خطرناک است. همه‌ی ما باید سرمان به کار خودمان باشد. بااین حال در کمال مهربانی باید نسبت به حال دیگران علاقه‌مند باشیم.

علت اینکه تابه‌حال به خواسته‌های خود نرسیده‌اید این است که روح خود را در حالت ارتعاشی قرار می‌دهید که با ارتعاشات خواسته اتان هماهنگ نیست. به‌عبارت‌دیگر از ته دل خواهان خواسته‌ی خود نیستند.

شما به‌عنوان موجودی که دامنه‌ی انرژی غیر مادی است می‌توانید به افکاری درست دست پیدا کنید. ماوراء آنچه تاکنون تصور کرده‌اید، به نتایج و تصمیمات مهمی برسید. هنگامی که با آرزوی خود هماهنگ شدید، انرژی غیر عادی که جهان را آفریده در جریان می‌یابد. به این معنای شور و هیجان و اشتیاق و پیروزی است که تقدیر مسلم شماست.

به‌عبارت‌دیگر هرچه احساس شما بهتر باشد به معنی آن است که ارتباط خوبی با خالق خود دارید و اگر احساس بدی دارید به معنای نداشتن رابطه

با خالق است. احساس خوب معادل است با دادن اجازه‌ی جذب خواسته، احساس بد معادل است با ندادن اجازه‌ی جذب و خواسته.

کلید جذب

شما در این شکل انسانی که از گوشت و پوست و خون تشکیل شده‌اید موجودی هستید ساخته شده از ارتعاشات و هر آنچه در محیط خود تجربه می‌کنید از طریق ارتعاش است و تنها از طریق دریافت. با ارتعاش است که می‌توانید دنیای مادی را درک کنید. به‌عبارت‌دیگر، از طریق چشمانتان ارتعاشات آنچه را می‌بینید درک و تفسیر می‌کنید. با استفاده از گوش‌ها ارتعاشاتی را که دریافت می‌کنید تفسیر می‌کنید و می‌شنوید. حتی بینی شما، زبان و نوک انگشتان شما ارتعاشات را به بو، مزه و لمس تبدیل می‌نمایند؛ اما پیشرفته‌ترین مفسر ارتعاشی در وجود شما عواطفتان است.

هر فکر ارتعاشی دارد و هر اندیشه علائمی منتشر می‌کند و علائمی مشابه خود را جذب می‌کند. این فرایند را قانون جاذبه می‌نامیم.

کلید جذب چیزی که درآرزویش هستید آن است که ارتعاشات وجود شما با آنچه مورد آرزوی شماست هماهنگی پیدا کند و ساده‌ترین راه برای دسترسی به هماهنگی ارتعاشات، آن است که تصور کنید صاحب آن چیز شده‌اید. وانمود کنید که در حیطه‌ی تجربه شما قرار گرفته است، افکار خود را به‌سوی لذت بردن از آن تجربه معطوف کنید و با این کار اجازه‌ی ورود آن چیز یا تجربه رابه زندگی خود می‌دهید.

فکر کردن به چیزها درست مثل برنامه‌ریزی برای آینده است و وقتی در

فکر خود به ستایش از چیزی می‌پردازید در حال برنامه‌ریزی هستند. وقتی نگرانید در حال برنامه‌ریزی هستید. نگرانی چیزی را در ذهن شما می‌آفریند که نمی‌خواهید.

نمی‌توانید وارد اتاق نورانی شوید و «کلیدی» را بزنید تا اتاق تاریک تاریک شود. به‌عبارت‌دیگر کلیدی وجود ندارد که تاریکی و ظلمات را به اتاق جاری کند و نور را بپوشاند. در نبودن نور، تاریکی خود به خود می‌آید. به همین ترتیب در نبود «خیر و خوبی»، «شر» خود به خود از راه می‌رسد.

اما مقاومت در برابر سلامتی به خودی خود منجر به ناخوشی می‌شود؛ یعنی وقتی سلامتی می‌رود چیز دیگری از راه می‌رسد که نا سلامتی است.

درست همان‌طور که مجسمه ساز سنگ را به شکلی که می‌خواهد درمی‌آورد، شما نیز می‌توانید انرژی را به شکلی در آوردید که می‌خواهید. شما انرژی را از طریق قدرت تمرکز و فکر کردن مداوم، به یادآوری و تصور کردن وقایع شکل می‌دهید. هنگامی که صحبت می‌کنید، می‌نویسید، گوش می‌دهید، وقتی خاموش هستید، وقتی به یاد می‌آورید و وقتی تصور می‌کنید به انرژی تمرکز کرده‌اید و افکار خود رابه بیرون می‌فرستید.

خواسته‌های شما گاه از طریق صحبت کردن و بیشتر اوقات از طریق ارتعاشات وجود شما ساطع می‌گردد. به همه‌ی آن‌ها احترام گذاشته شده و پاسخ داده می‌شود. برای مثال خودروی شما کهنه شده و مکرر احتیاج به تعمیر دارد... رنگ و رویش هم رفته و دلتان خودروی جدیدی می‌خواهد. این خواسته عمیق شما باعث فوران آرزو در شما می‌شود. کائنات آن دریافت می‌کند و آن را صیمانه می‌پذیرد و پاسخ می‌گوید.

به‌عبارت‌دیگر اگر دائم به خودروی زیبایی فکر کنید راه رسیدن به آن هموار خواهد شد؛ اما اگر در وسط این فکر، به خودروی قدیمی خود هم فکر کنید

به آرزویتان نمی‌رسید.

در جوامع پیشرفته‌ی امروز که فوراً هر اتفاقی که در جهان می‌افتد آگاه می‌شوید، هزاران فکر در ذهن شما راه پیدا می‌کند؛ بنابراین مهار کردن همه‌ی افکار ناممکن است. در عوض بهتر است حواس خود را معطوف کنید به آنچه پیش روی شماست و فکر خود را هدایت کنید. مهم‌تر از هدایت فکر، رسیدن به احساس مطلوب است. با داشتن احساس خوب فکر شما نیز در هماهنگی با آنچه برای شما خیر است قرار می‌گیرد.

قانون چنین است: وقتی توجه شما به‌اندازه‌ی کافی بر چیزی جلب شد ارتعاشات مناسب در شما پیدا می‌شود. چیزهایی که می‌خواهید یا نمی‌خواهید راه خود را به زندگی شما باز می‌کنند.

مهار کردن شرایطی که دیگران آفریده‌اند نا ممکن است. عده‌ای از طریق نیروی شخصی یا توسط قدرت، تلاش دارند تا سعادت خود را از طریق تسلط بر هر واقعه‌ای که ممکن است سعادت آن‌ها را مورد تهدید قرار دهد، بنا کنند اما متا سفا نه هر چه آن‌ها بر چیزهای ناخواسته فشار می‌آورند، بیشتر با آن چیزهای ناخواسته هماهنگ می‌شوند و آن‌ها را وارد زندگی خود می‌کنند و درنتیجه بیشتر متقاعد می‌شوند که افکار تهدید آمیز چقدر مخرب بود.

به‌جای این کارها، بر عقاید خود پافشاری کنید و درصدد تسلط بر افکار دیگران یا وقایع دیگر نباشید تا جهان به شما کمک کند و آرزوهای خود را برآورده کنید.

وقتی نمی‌توانید مثبت فکر کنید و هنوز متمرکز نشده‌اید، ارتعاشات اولیه ناچیز هستند و قدرت جذب یا کشش ندارند، بنابراین در این مراحل اولیه هیچ نشانه‌ای از ظهور آن خواسته نمی‌بینید؛ اما فکر شما، افکاری را که با آن

هماهنگی دارد جذب می‌کند و نیرومندتر می‌شود، قدرت جذب آن بیشتر می‌شود و دیگر افکاری که ارتعاش همسان دارند به آن می‌پیوندند و این فکر احساس خوبی را در شما به وجود می‌آورد که نشانه‌ی آن است که با انرژی مبدأ خود در هماهنگی هستید؛ اما اگر احساس خوبی نداشته باشید نشانه‌ی آن است که با وجود واقعی شما در هماهنگی نیست.

اغلب مردم خود خالق افکار خود نیستند، بلکه افکار آن‌ها تابعی است از آنچه در اطرافشان اتفاق می‌افتد، آن‌ها مشاهده می‌کنند و احساسی عاطفی در واکنش به آنچه دیده‌اند در آن‌ها به وجود می‌آید و چون در تسلط بر آنچه دیده‌اند از خود اختیاری ندارند، بنابراین نتیجه می‌گیرند که به واکنش‌های فکری و عاطفی خود هم هیچ اختیاری ندارند.

می‌خواهیم به شما آگاهی دهیم که بر نقطه تثبیت عاطفی خود تسلط کامل دارید و خود شما می‌توانید آن را تغییر داده و قدرت و ظرفیت بیشتری به آن بدهید.

احساس شور و اشتیاق نشانگر آن است که میلی شدید در شما پدیدار شده است. احساس خشم یا انتقام نیز نشانه‌ی میل شدید است؛ حال‌آنکه احساس ناراحتی و ملال نشانه‌ی آن است که میل و آرزوی اندکی در وجود شما باقی مانده است.

عواطف شما نشانگر مطلق ارتعاش‌ات درون شماست؛ بنابراین نشان می‌دهد قدرت جذب شما چگونه است. آن‌ها در هرلحظه برایتان مشخص می‌کنند که آیا اجازه‌ی برآورده شدن به آرزوهای خود را می‌دهید یا نه.

تغییر دادن الگوی ارتعا شات کار دشواری نیست بخصوص اگر بدانید که می‌توان اندک اندک این کار را انجام داد.

بنابراین برای شما سؤالی وجود دارد و آن این است: چگونه می‌توانم خود را با ارتعا شات آرزوهایم هماهنگ کنم و پاسخ آن ساده است: به احساس خود توجه کنید و افکارتان را آگاهانه انتخاب کنید فرق نمی‌کند درباره‌ی چه چیز، فقط چیزی باشید که می‌خواهید و هنگامی که به آن فکر می‌کنید احساس خوبی در شما به وجود بیاورد.

با داشتن احساس نشاط یا احساس سعادت در حال حرکت و نزدیک شدن به خواسته‌های خود هستید.

در فرایند حرکت به‌سوی آرزوهایتان، همیشه احساس نشاط خواهید کرد.

رفاه و آسایش فراوان است بنابراین برای حرکت به‌سوی آن نباید نگران خطرات باشید.

باید بدانید که به ثمر رسیدن افکارتان زمان می‌خواهد، بنابریان باید فرصت کافی برای ارزیابی، تصمیم گیری و لذت بردن از فرایند خلاقیت را قائل شوید.

تنها دلیلی که وجود دارد برای آن که شما به چیزی غیر از آن که می‌خواهید می‌رسید آنست که قسمت عمده‌ی توجه خود را - بدون آنکه بدانید- توجه به چیزی دیگر می‌کنید.

به آن چیزی می‌رسید که به آن فکر می‌کنید، چه آن را بخواهید و چه نخواهید. بعد از مدتی که تمرین کنید خواهید فهمید که قانون‌های جهان ثابت و پابرجاست و به شما دروغ نمی‌گوید و تغییر نمی‌کند. شما را سردرگم نمی‌کند. جهان به دقت به ارتعاشاتی که ارائه می‌کنید پاسخ می‌دهد. هنگامی که قدرت راهنمای عواطف خود آگاه شدید دیگر می‌دانید افکار جاری شما از چه اهمیتی برخوردارند و در هرلحظه می‌فهمید که در این

لحظه به‌سوی هدف مطلوب خود در حرکتید یا دارید از آن دور می‌شوید. هنگامی که این آگاهی را پیدا کردید آسوده می‌شوید و با حوصله از سفر خود لذت می‌برید.

مثلاً می‌خواهید آشپزی کنید و

چیزهایی در این آشپزخانه هست که برای کار شما مناسب نیست. لزومی ندارد از آن‌ها استفاده کنید. از طرفی از بودن در آشپزخانه ناراحت نیستید. فقط ازمواد مناسب برای پختن غذای دلخواهتان استفاده می‌کنید و ما بقی مواد را کنار می‌گذارید. تنوع آنچه در عالم است نباید شما را بترساند بلکه برعکس باید باعث الهام در شما شود زیرا می‌دانید که هر یک از شما خالق تجربه‌ای جداگا نه هستید.

آیا تا بحال درباره رادارها در دریانوردی و هوانوردی که در کشتیها و هواپیماها موجود است شنیده‌اید؟ سامانه‌ی موقعیت یاب هیچگاه نمی‌پرسد: «کجا بوده‌اید؟» یا «چرا درآنجا این‌همه ماندید؟» مأموریت آن رساندن شما از کوتاه‌ترین مسیر به مقصد است. عواطف شما همین سامانه‌ی هدایتی رابرای شما فراهم می‌کند؛ زیرا وظیفه‌ی آن رساندن شما از جایی که هستید به‌جایی است که می‌خواهید باشید.

بزرگ‌ترین موهبتی که می‌توانید به دیگران بدهید شادی شماست. هنگامی که در حالت شادی، نشاط و خوشحالی هستید بطور کامل به جریان پاک انرژی مثبت مبدأ و خود واقعیتان وصل شده‌اید. هنگامی که در حالت اتصال هستید، هر چیز و هر کس که مورد توجه شماست از این توجه سود می‌برد. شادی شما به رفتار دیگران بستگی ندارد. بلکه به ارتعاشات درونی شما مربوط است. در سفرهای زمینی شما نگران راه نیستید زیرا مسافت بین دو شهر را می‌دانید، میدانید در طول سفر از کجاها خواهید گذشت و میدانید

اگر در جهت اشتباه پیش بروید چه اتفاقی می‌افتد.

هنگامی که از وجود سامانه‌ی راهنمای عاطفی خود آگاه شوید هرگز درباره‌ی آنچه می‌خواهید باشید به اشتباه نخواهید افتاد. هم چنین با هر فکری که ارائه می‌کنید می‌دانید به هدف خود نزدیک‌تر شده‌اید یا دورتر.

تنها راه این است که به چیزی که نمی‌خواهید اصلاً نه فکر و نه اعتنا کنید؛ بنابراین وقتی اعتنا نمی‌کنید جزء وجود شما نخواهد شد.

هر شرایطی ولو بسیار سخت با تغییر نگرش و افکار تغییر خواهد کرد. گزیدن افکار به تمرین و تمرکز زیاد نیازمند است. اگر بر آنچه در حال حاضر هستید تمرکز کنید و مانند همیشه فکر کنید و عقایدتان چون همیشه باشد در این صورت هیچ‌چیز در زندگی شما تغییر نمی‌کند. هیچ‌کس نمی‌داند چه چیز برای شما بهتر است مگر خود شما. در هرلحظه خود شما میدانید چه چیز برایتان بهتر است.

هنگامی که از قدرت افکار خود و قدرت پذیرش چیزهایی که می‌خواهید آگاه شدید اختیار زندگی و وقایع آن در دست گرفته‌اید. عشق و تمجید از خود جنبه‌ای است که می‌توانید آن را در خود پرورش دهید. تمجید از خود هماهنگی کامل با ارتعاشات انرژی مبدأ دارند. پس وقتی اعتقاد دارید آرزوهایتان هم برآورده می‌شود در موقعیتی خلاق هستید؛ اما وقتی چیزی را می‌خواهید که به برآورده شدن آن اعتقادی نداردی آن را پذیرا نشده‌اید و برایتان نخواهد افتاد.

ظرف ۱۷ ثانیه تمرکز بر روی چیزی، ارتعاشات فعال می‌شوند و هر چه تمرکز قوی‌تر باشد جهان، افکار جدیدتری به‌سوی فکر شما می‌کشاند که با فکر اولیه شما هماهنگ است. اگر بتوانید ۶۸ ثانیه بطور خاص بر روی موضوع تمرکز کنید ارتعاشات آن قدر نیرومند می‌شود که شروع به آشکار

شدن می‌نمایند.

وقتی از وضعیت احساسی خود با خبر هستید می‌توانید افکار خود را به نحوی هدایت کنید تا فقط چیزهای مطلوب و خوشایند را جذب کنید. هنگامی که احساس خوبی ندارید می‌باید احساس خود را اصلاح کنید تا چیز ناخواسته جذب شما نشود. آفرینش ارادی به معنای تغییر شرایط و سپس روحیه نیست. آفرینش ارادی یعنی افکاری را انتخاب کنید که روحیه‌اتان را تغییر دهد و این تغییر روحیه، عواطف و احساس باعث جذب آرزوها می‌شود.

مثبت اندیشی

سعی کنید به دور و بر خود نگاه کنید و چیزی را پیدا کنید که حال شما را خوب می‌کند. سعی کنید توجهتان را بر این چیز معطوف کنید و فکر کنید چقدر زیبا، مفید یا شگفت‌انگیز است و این تمرکز را ادامه دهید، افکار مثبت شما زیاد خواهد شد. این روش در شما ارتعا شات نیرومند به وجود می‌آورد.

سعی کنید چیزهایی را پیدا کنید که حتماً قابل تعریف و تمجید هستند؛ زیرا هدف پیدا کردن چیزهای ناقص و بد نیست. هر چه بیشتر به روی چیزهای خوب تمرکز کنید قانون جاذبه افکار خوب، تجربه‌های مردم و چیزهایی که با حالت خوب روحی شما هماهنگی دارد را پیش روی شما می‌گذارد.

هر چه بیشتر تعریف مثبت کنید مقا ومت کمتری در ارتعاشات وجودی شما پیدا می‌شود. هر چه مقا ومت شما کمتر شود زندگی شما بهتر خواهد بود. با تمرین فرایند تعریف و تمجید می‌توانید خود را به ارتعاشات بالاتر منتقل کنید و حالت منفی‌بافی از خود دور کنید. بعد از مدتی احساس نشاط

دائمی را تجربه می‌کنید.

بر اثر تمرین بعد از مدتی قدرت پذیرش شما افزایش پیدا می‌کند. در ابتدای کار خوبست که روزانه ده تا پانزده دقیقه مبادرت به این کار کنید، بعد از چند روز خواهید دید که چندین بار در روز مشغول به این کار هستید ولو چند ثانیه این جا و چند ثانیه آن جا این کار را بکنید. به‌هرحال همان احساس خوب به شما دست می‌دهد. وقتی دائم در حال شکرگزاری، قدر دانی و تعریف و تمجید هستید به کانون انرژی متصل شده‌اید و به آن تکیه کرده‌اید بنابراین دیگر آسیب پذیر نیستید، نمی‌ترسید و حوادث شما را نگران نمی‌کند.

تابلو آرزوها

اول از عکس‌هایی را از چیزهای زیبایی که می‌خواهید پیدا کنید، آن قدر خوشگل باشد که هر وقت به آن نگاه می‌کنید شما را شاد کند. روی دیوار، جایی که چشم شما راحت به آن بیفتد بنویسید: هر چه دلم می‌خواهد در آنجا هست. هر چه بیشتر فکر و توجه کنید و در خود مقاومت نداشته باشید، یعنی تردید نکنید که همه‌ی این ها را به دست می‌آورید، احساس دورنی شما بهتر می‌شود. درها به روی شما باز می‌شود و به سادگی به این خواسته‌ها می‌رسید.

دنیای شما در این تابلو است. درست مثل غول چراغ جادویید که روی صندلی نشسته‌اید و این توانایی را دارید که به هر جای این دنیا بروید و هر چه را می‌خواهید به دست می‌آورید؛ بنابراین آرزوی خانه زیبایی می‌کنید و آن را در شهری که دوست دارید بنا می‌کنید برای خود درآمد فراهم می‌کنید. هر چیز را که می‌خواهید برای خود مهیا می‌کنید. تمام چیزهای زیبا و خواستنی را، هر چه را می‌خواهید فراهم می‌کنید و در این تابلو نصب می‌کنید.

می‌توانید این بازی را فقط به‌صورت ذهنی انجام دهید، اما اگر واقعاً تابلویی فراهم کنید و چیزهایی که نشانگر آرزوهای شماست در آن نصب کنید و بیشتر لذت خواهید برد.

بر روی هر یک از این آرزوهایتان تمرکز کنید و بنویسید چرا هر یک از این‌ها را می‌خواهید. مرحله‌ی تفکر بر روی تجربیات فوری و مهم زندگی شما تمرکز دارد. وقتی که فکر می‌کنید چرا این چیزها را می‌خواهید مقاومت درونی شما کم می‌شود و افکار شما و وضوح بیشتری می‌یابد؛ اما فراموش نکنید اگر بپرسید چطور و چه وقت و چگونه به آرزوی خود می‌رسید. مقاومت درونی شما افزایش پیدا می‌کند بخصوص اگر اصلاً جوابی برای این سؤال‌ها نداشته باشید.

این فهرست با پرداختن به هر یک از جزئیات و نوشتن فهرستی درباره‌ی این جزئیات مفصل‌تر می‌شود و ادامه دارد. این فهرست اگر طولانی شود باعث جمع شدن انرژی بیشتری می‌شود و شما را زودتر به هدف می‌رساند. یادتان باشد آنچه ارائه می‌کنیم هر روز وقت اندکی از شما می‌گیرد و در عوض سلامت، سرزندگی، دارایی و روابط خوب و هر چه برای زندگی کامل لازم است جذب شما می‌شود.

وقتی زندگی آینده‌تان را با شادی فیلم بازی کنید؛ نه‌تنها وضع مالی شما بلکه سایر جنبه‌های زندگی‌تان هم اصلاح خواهد شد. این بازی نه‌تنها منجر به افزایش ارتعاشات در اطراف چیزهایی خواهد شد که می‌خواهید بلکه باعث می‌شود چیزهای موردعلاقه‌تان به‌سوی شما جذب شوند.

باور چیست؟

هر نوع فکری در ذهن شما تکرار شود باور نامیده می‌شود. بعضی از

باورهایتان بسیار مفید است: افکاری که با آگاهی شما از مبدأ هماهنگ است و افکاری که با آرزوهای شما همخوانی دارد...؛ اما بعضی از باورها به درد نمی‌خورند: مثل افکاری که حکایت از نا شایستگی و عدم لیاقت شما دارد. به دوستان خود در این جهان می‌گوییم علت توصیه ما به مراقبه این است که خیلی ساده و سریع می‌توانید ذهن خود را پاک کنید. کافی است در را بازکنید. همه این‌ها به‌سوی شما سرازیر می‌شوند. بعد باید فکری کنید برای این همه خوشی!

«هنگامی که توجه خود را برآنچه دلتان می‌خواهد معطوف می‌کنید، احساس خوبی دارید. اگر توجه خود را بر فقدان آنچه نمی‌خواهید جلب کنید احساس بدی دارید»

وا نمود کنید مداد یا خودکار شما کاغذتان جادویی است و هرچه می‌نویسید به حقیقت می‌پیوندد. با این کار دو روش ضروری برای دستیا بی به آرزوها را انجام می‌دهید. اول به روی آنچه می‌خواهید تمرکز می‌کنید و دوم اینکه افکار مقاوم را از میان بر می‌دارید. شخصیت اصلی این متن خود شما هستید دیگران نقشهای بعدی را ایفا می‌کنند مشخص کنید چه کسانی در این نمایش نقش دارند و بعد طرح اولیه را بنویسید.

نوشتن طرح بسیار مهم است و هدف این است زندگی را که دوست دارید داشته باشید احساس کنید. اگر این متن را مکرر بازخوانی کنید در ذهن شما مبدل به تصویری نیرومند می‌شود. تصویر نیرومند دارای ارتعاشات انرژی است و این ارتعاشات، تصاویر را به واقعیت می‌رساند.

کاغذ را بردار تا بگویم بالای صفحه را خط بکش و سمت راست بنویس: کارهایی که باید امروز انجام بدهم و روبروی آن بنویس، کارهایی که دوست دارم خداوند برایم انجام دهد. حالا به فهرست طولانی کارهایی که امروز

باید انجام دهی نگاه کن و کارهای را که واقعاً دلت می‌خواهد آن‌ها را انجام دهی انتخاب کن و در قسمتی که نوشته‌ای کارهایی که باید امروز انجام دهم وارد کن و ما بقی کارهایت را زیر عنوان کارهایی که دوست دارک مبدأ کائنات برایم انجام دهد.

شما موجودی پذیرنده هستید، فرایند فکری در شما سریع اتفاق می‌افتد به هر چه فکر می‌کنید و آن را می‌خواهید باید بتوانید به‌وضوح بر روی آن تمرکز کنید اما به دلیل آشفتگی فکری ناشی از افکار متعدد این تمرکز امکان‌پذیر نیست. یک مثال برایتان می‌زنم. پای بچه فیل‌ها را با یک طناب دومتری به میخی که محکم به زمین کوبیده‌اند می‌بندند. اوایل بچه فیل خیلی تلاش می‌کند تا طناب را پاره کند ولی موفق نمی‌شود. بعد از چند روز تلاش و کوشش خسته می‌شود و دست از تلاش بر می‌دارد. بعد از چند سال که به یک فیل چند تنی تبدیل می‌شود، هم همان طناب دو متری را به پایش می‌بندند. ولی او دیگر تلاشی برای پاره کردن طناب نمی‌کند. می‌دانید چرا؟ چون باور کرده که نمی‌تواند طناب را پاره کند. باور کرده است زورش را ندارد و کاری از دستش برنمی‌آید. او باور کرده است که تا شعاع دو متری می‌تواند حرکت کند و محدوده حرکتش همان قدر است.

تا ثیر ذهنیت، نگرش، باور، دیدگاه یا برداشت ما از جهان به‌قدری زیاد است که ممکن است تا آخر عمر مثل همان فیل، اسیر غل و زنجیر ذهنی باشیم و این اسارت ذهنی نگذارد در جهت تغییر و رسیدن به پیشرفت و تعادلی جدید قدم بر داریم. ببینید باورها با ما چه می‌کند. باورها به‌قدری قدرت دارد که می‌تواند انسان را فلج کند و دست از تلاش بردارد.

سؤالات مثبت زندگی شما را تغییر می‌دهد.

کسانی که مدام می‌گویند چرا این‌همه بدبختی سر من می‌ریزد؟ نمی‌دانند چه بلایی سر زندگی خود می‌آورند. چون ذهن باید دنبال جواب برای سؤال شما باشد و می‌گردد جوابهایی را پیدا می‌کند تا به شما نشان دهد به این دلایل شما بدبخت هستید.

شما وقتی می‌گویید: «اگه به این آرزوم می‌رسیدم چی می‌شد؟» نوع دیگری از انتظار در شما برانگیخته می‌شود که مقاومت کمتری دارد. این سؤال در شما واکنشی مثبت برمی‌انگیزد بنابراین شما را راحتر به هر چیز که می‌خواهید می‌رساند.

یا اینکه؛ چی میشه اگر وقت بیشتری را با دوستا نمان سپری کنیم؟ چی میشه اگر جاده‌ها خلوت باشند و راحتر به مقصد برسیم؟ اگر روز خوبی سرکارمان داشته باشیم چی؟ اگر شریک خوبی برای زندگیم پیدا کنم چی؟ دلیل اینکه به کاربردن این عبارت اهمیت دارد اینست که نوع عبارت نرم و آسان است و مقاومت کمتری را سبب می‌شود.

اگر می‌خواهید بدانید که درباره‌ی موضوعی چه احساسی دارید می‌توانید آنچه را شرح دهید اما از آن مهم‌تر این است که شرح دهید چه احساسی دارید.

احساس ثروتمندی

اول یک چک پول ۵۰۰۰۰ توما نی یا کمتر بردارید و در کیف یا جیب خود بگذارید همیشه آن را همراه داشته باشید و یادتان باشد که پول آنجاست. همیشه از اینکه آن جاست احساس رضایت کنید و به احساس امنیتی که به شما دست می‌دهد فکر کنید. حالا در طی روز به چیزهایی فکر کنید که با این چک پول می‌توانید بخرید وقتی از کنار یک رستوران شیک می‌گذرید به

خود بگویید اگر بخواهید می‌توانید داخل شوید و غذای مفصل دلخواهی سفارش دهید. وقتی از جلو لباس فروشی می‌گذرید یادتان باشد اگر بخواهید می‌توانید بلوز یا شلوار قشنگی را خریداری کنید.

با نگه داشتن این چک پول و خرج نکردن آن هر وقت که به یادش بیفتد ارتعاشات آن را دریافت می‌کنید اگر این پول را خرج نکنید و فقط در ذهن خود ازآن استفاده کنید ۲۰ یا ۳۰ بار ارتعاشات آن به شما می‌رسد و انگار چند صد هزار تومان را به‌راحتی و برای دل خودتان خرج کرده‌اید.

داشتن احساس منفی مثل زنگ خطر است و شما را آگاه می‌کند که دارید چیزهای بد را به طرف خود جذب می‌کنید. راه حل ساده برای این موضوع این است که هر وقت که احساس بدی دارید صبر کنید و به خود بگویید آنچه می‌خواهم داشتن احساس خوب است.

.

بیشتر بخندید، کمتر گریه کنید بیشتر پیش بینی‌های خوش بینا نه و کمتر پیش بینی‌های بد. کنید هیچ‌چیز مهم‌تر از این نیست که احساس خوبی داشته باشید این کار را تمرین کنید و بعد ببینید چه اتفاقی می‌افتد.

ما به شما می‌گوییم واقعاً چنین اختیاری را در مشتتان دارید و او دائماً به نفع شما کار می‌کند کافی است از جهان بخواهید تا برای شما کاری را انجام دهد.

باورتان می‌شود اگر بگوییم تا هرقدر دلتان بخواهد می‌توانید در این دنیا بمانید به شرط آن که زندگی پرنشاطی داشته باشید و خواسته‌هایتان را بدون مقاومت و افکار منفی به‌سوی خود جذب کنید خواسته‌ها و آرزوها باعث می‌شوند که نیروی حیات دائم به‌سوی شما جاری شود و شما با شور و

شادی و نشاط به زندگی خود ادامه دهید. انسانی که آرزو دارد اهل زندگی است و انسانی که آرزو ندارد یعنی میلی به ما ندن در این دنیا ندارد و نیروی حیات در او خاموش شده است.

زندگی را راحت بگیرید. عادت کرده‌اید که زندگی را جدی بگیرید و سخت بکوشید. این‌چنین نیست زندگی نمایشی است که نباید آن را زیادی جدی گرفت زیرا عمر شما بر روی این کره خاکی محدود است.

پذیرنده افکار جدید و بنیادی در مورد خودتان باشید. زمانی که شما رحم مادرتان به دنیا آمدید، تحت کنترل شرایطی فرهنگی قرار گرفتید که به‌گونه‌ای طراحی شده است که با سطح زندگی عادی زندگی کنید، درواقع پذیرفتن آن چیزی که زندگی به شما تقدیم کرده است. در بسیاری از مواقع، شما چنان برنامه‌ریزی شده‌اید که باور داشته باشید دارای درک یا توانایی برای تحقق آرزوها و رویاهایتان نیستند.

درواقع یک آگاهی وجود دارد که شما می‌توانید با اختیار خودتان در آن زندگی کنید، جایی که اگر بخواهید می‌توانید مفهوم خود از خودتان را به‌عنوان یک موجود تغییر دهید و خودتان را از همه آرزوهایی که دارید، راضی ببینید.

عادت یعنی؛ همه کارهایی را که شما انجام می‌دهید، فرهنگ و خانواده‌تان برایتان برنامه‌ریزی کرده‌اند. بدین معنی که شما خودتان را با همه‌چیز مطابقت می‌دهید. سخت درس می‌خواندید، از بایدها و نبایدها و از قواعد پیروی می‌کنید، فرم‌های کار و استخدام را تکمیل می‌کنید، مالیات خود را پرداخت می‌کنید، کار پیدا می‌کنید و هر آنچه که شهروندان یک جامعه انجام می‌دهند، انجام می‌دهید. سپس بازنشسته می‌شوید، نوه دار می‌شوید، با نوه‌های خود بازی می‌کنید و سرانجام می‌میرید. درواقع می‌خواهم تأکید

کنم که هیچ اشتباهی در این سناریو وجود ندارد، همه‌چیز خوب و عالی است و اگر چنین الگویی در زندگی برای شما قابل قبول باشد، پس دیگر نیازی به مطالعه این کتاب ندارید.

ایده آل روح شما آن چیزی که خواستار آن هستید، داشتن بیشتر از همه‌چیز است، ایده آل روح شما، عظمت، بزرگی، فضا و انبساط است و یکی از چیزهایی که بیش از هر چیز به آن نیاز دارد این است که می‌خواهد آزادانه گسترش یابد و بی‌نهایت دست یابد.

این همان مفهوم جدید از خودتان است، چیزی که از روحتان نشات می‌گیرد.

اجزای سازنده، شامل هر چیزی است که شما به‌عنوان حقیقتی در مورد آنچه فیزیک بیرونی بدنتان است قبول دارید.

هر چیزی که شما به‌عنوان توانایی‌های ذاتی‌تان به آن باور دارید و نیز هر آنچه که در مسیر زندگی فرا گرفته‌اید، درواقع مفهوم بیرونی از خود است.

مفهوم بیرونی از خودتان شامل چگونگی دیدگاه شما نسبت به سلامتی، امنیت خاطر و استعداد وجود شما به ابتلای بیماری‌ها می‌شود.

شما می‌دانید که اگر مستعد به اضافه وزن یا اعتیاد به مواد مختلفی از جمله شکر، کافئین، چربی، گوشت، لبنیات و چیزایی از این قبیل باشید، این شما هستید که برای دریافت و کسب این مواد حد و مرز مشخص می‌کنند. مفهوم درونی از خود شما، باورهایی درباره آن و هوشی است که بخش اعظم وجود شما را تشکیل داده است. من غالباً دنیای درون انسان را به‌عنوان روحی در یک انسان ماشینی تلقی می‌کنم.

اگر تمایل دارید که در زندگیتان شخصی باشید که از این توانایی برخوردار باشد که تمام آرزوهایش را در زندگی تحقق ببخشید، پس لازم است که به

سطح بالاتری از خود حرکت کنید و دخل و تصرفی در حوادث و رویدادهای زندگیتان داشته باشید.

این بدین معناست که شما باید امور دشواری را در اختیار بگیرید که غالباً به‌عنوان تغییر در مفهوم خود تلقی می‌شود.

به یاد آورید که مفهوم خود همان چیزی است که شما باور دارید در مورد درون و بیرونتان صدق می‌کند. در حال حاضر باورهایی زندگی شما را ساخته‌اند که ما می‌توانیم آن‌ها را درست یا غلط بنامیم.

مقاومت نکنید

آنچه شما را به انجام آن تشویق می‌کنم این است که اگر آرزو دارید شاد و آسوده باشید، باید براین مقاومت درونی که همه‌چیز شما تنها همین زندگی زمینی است غلبه کنید.

افراد نادر و منحصربه‌فرد، یک میل و عطش سوزان برای موفق شدن دارند؛ اما این میل و عطش سوزان نسبت به یک آرزو، با دست یافتن به یک موفقیت معمولی متفاوت است. هنگامی که این عطش انسان را می‌سوزاند، از درون انسان بیرون نمی‌آید.

داشتن آگاهی درونی به همراه یک میل سوزان، یکی از ملزومات اولیه برای تبدیل شدن به فردی است که قادر است آرزوها و خواسته‌های خود را متجلی سازد.

هیچ‌کس نمی‌تواند بگوید که افکار از کجا می‌آیند و چگونه شکل می‌گیرند؛ اما به‌طورکلی پذیرفته‌ایم که فکر می‌کنیم و سعی می‌کنیم همه افکار خود را تحقق ببخشیم، من در بخش اعظمی از زندگی چنین دیدگاهی داشته‌ام.

پنجره‌های ذهنتان را به روی ایده‌ها و طرز تفکر جدید بازکنید این کار به شما کمک می‌کند تا مفهومی ذهنی خود را تغییر دهید. حتی می‌توانید خودتان را به‌عنوان یک موجود الهی و نامحدود در نظر بگیرید تا اینکه بخواهید خود را انسانی فرض کنید که در انتخاب افکاری که به ذهنش می‌رسد هیچگونه حق انتخابی ندارد.

این روش نوین و جدید شما در زندگی که همان انتخاب افکار است باعث می‌شود که شما بفهمید که منظور من از والاترین مفهوم شخصی از خود چیست.

نسبت به تجربه چیزهایی که پیش از این به هر طریقی شما را محدود می‌کردند، دید بازی داشته باشید.

این جمله را به خاطر بسپارید: شما هیچگونه محدودیت و مرزی برای چیزهایی که می‌خواهید انجام دهید ندارید.

بخشی از وجودتان که آن را باور دارید با آن چیزی که به دست آورده‌اید یا برنده شده‌اید یا مالک آن هستید، تعریف شده است. این باوری است که ثابت می‌کند شما موجودی هستید با توانایی‌ها و محدودیت‌های خاص خود.

شاید تعجب کنید اگر من شما را متوجه این مطلب کنم که باورهایی وجود دارند که می‌توانند شما را در مسیر شادی، موفقیت، سلامتی و آنچه که مطلوبتان است، قرار دهند. ایده داشتن خود بالاتر، همواره بالاتر از مفهوم آن خودی است که معمولاً در سطح جهانی با عنوان من یا منیت تعریف شده است. درواقع خود بالاتر خصوصیاتی والاتر و برتر از من را شامل می‌شود.

فیزیک کوانتوم بیان می‌دارد که من در تسخیر شماست. زمانی که در حال

مطالعه پاراگراف هستید یا زمانی که در حال مطالعه پاراگراف قبل بوده‌اید، کاملاً متفاوت است. این، طبیعت جهان فیزیکی است که باعث شده همه ما زنده بمانیم.

چه چیزی واقعی است؟ یک جسم روحا نی بدون درنگ پاسخ می‌دهد: چیزی واقعی است که هرگز تغییر نکند و بدن شما تا زمانی که در تغییر مداوم است، واقعی نیست.

آفریدگار در میان هر مخلوقی، تکه‌ای از خود و روحی از طبیعت خود را به‌جای گذاشته است که به واسطه آن مخلوقی می‌تواند خالق باشد؛ یعنی به‌جای اینکه همیشه منتظر بمانید تا نیازهایتان توسط منبع خارجی تأمین شود، می‌توانید توسط فکرتان، قدرت و روحتان کار کنید تا عناصری را که به آن نیاز دارید، خودتان به دست آورید. این تصویر بزرگی برای شماست تا شروع به فهم نفس والایتان کنید. نوری از خدا در شماست که شخصی نیست و نمی‌توانید با احساس آن را به دست آورید. آن نور باعث تپیدن قلب، رشد موها و باعث دم و بازدم ریه‌هایتان می‌شود.

با زیاد شدن نور خدا باید بگویید: بخشی از من که از خداست کامل است. عیسی مسیح علیه السلام گفته است: «با خدا همه‌چیز ممکن است.» این عبارت مثبت را بارها استفاده کنید

«من قدرتمند هستم.»

خدا بزرگ‌ترین منبع عشق است. (بالاترین مقام در عشق از آن خداست و او در این مقام باقی می‌ماند) شما در نفس خود، این حس عشق پاک را دارید. چیزهایی در دنیا وجود دارد که بشر از انجام آن کارها ناتوان است اما خداوند قادر به انجام همه این کارهاست. حالا همه‌چیز امکان‌پذیر است. چیزی را حذف نکنید. زمانی حس احترام شما زیاد می‌شود که به خدا نزدیک باشید

و زمانی شما به خدا نزدیک هستید که در زندگیتان احساس بی نیازی کنید.

نزدیک‌ترین فرد به شما، خداست... شما نمی‌توانید به خدا نزدیک شوید مگر اینکه با خدا باشید وقتی این ادعای بزرگ را شناختید، نیروی منبع خودتان را دوباره دریافت می‌کنید، چون اگر از منبعتان ناامید شوید، زندگی طولانی نخواهید داشت. شما خدایی را می‌بینید که در شکل خود بی همتاست و شما یکی از آن شکل‌های برتر هستید.

چیزی که شما با آن ارتباط پیدا می‌کنید درواقع یک سلسله پیام‌های جهان عشق، صلح و لذت است و اینکه ما قدرتی بی‌نهایت برای دستیابی به آرزوهای تحقق یافته خود داریم که با منبع وجود ما یکی هستند. به همین خاطر است که من «من هستم» را نشان دادم و شما را تشویق به کاوش در محتوایش کردم. «من هستم» فعالیتی کامل از سمت خداست و هر کدام از ما می‌توانیم خودمان را یکی کنیم تا «من هستم» هایمان بازتابی از خدایی باشد که ما هستیم.

کلمه «من» با روح الهی شما یکی شده و در همان زمان به شما یادآوری می‌کند که شما الهی هستید و همان قدرت آفرینندگی به‌عنوان خدا را دارا هستید.

توجه داشته باشید که اطرافیان از جمله اعضای خانواده و یا دوستان نزدیک، چطور از قدرت ذاتی «من» در زندگیشان بهره می‌جویند ببینید که بسیاری از افراد می‌گویند من ضعیف، فقیر، حریص، ناراحت، ترسو و بدشناس هستم و تلاش می‌کنند این مسائل را به زندگی شغلیشان وارد کنند. اگر بخواهید به حرف‌هایشان گوش دهید و سپس آن‌ها را تغییر دهید، به آرامی به آن‌ها متذکر شوید که آن‌ها مجبور نیستند این افکار منفی را جذب کنند و به‌عنوان واقعیت درونیشان بپذیرند. بحث نکنید، فقط به آرامی متذکر شوید. با

مشاهده و با آگاهی از من هستم می‌توانید با«برترین نفستان» یکی شوید.

تخیل

تخیل از دانش مهم‌تر است. دانش همواره محدود شده است، در حالی تخیل، جهان را احاطه کرده است.

بزرگ‌ترین موهبت خداوند به شما، دادن تخیل به شماست. در ناحیه درونی شما، ظرفیتی برای آرزوهای تحقق یافته‌تان وجود دارد. در تخیل شما بزرگ‌ترین قدرتی که می‌شناسید، وجود دارد. در این قلمرو است که شما می‌توانید با قدرت‌های درونیتان، به‌طور دلخواه بر جهان خویش حکم‌فرمایی کنید.

هر چیزی را بخواهید، می‌توانید تصور کنید و بپذیرید که برای شماست. هیچ شکی نداشته باشید. هیچ ناراحتی، عجله و ترسی را در خود راه ندهید. همه دانش‌ها در کنار شماست.

به دور و اطرافیان نگاه کنید. هر چیزی که شما می‌توانید با احساستان تجربه کنید، زمانی تنها در خیال دیگران بوده است. این واقعیت بزرگی است که شما باید بفهمید. پدیده‌های زیادی وجود دارند که قبل از اینکه وارد این جهان شوند، تخیلی بیش نبوده‌اند. ابتدا باید در تصورتان جای بگیرد. بدون تصور، فرایند آفرینش و اختراع کردن متوقف است.

شما این قدرت بزرگ را در خود دارید، این قدرتی است که به‌صورت واقعی نامحدود است و به‌عنوان حقوقتان به شما بخشیده شده است.

امروز دنیای فیزیک کوانتوم تأکید دارد که جهان از انرژی بی‌شکلی ساخته شده است و ذرات از هیچ‌گونه ذره‌ای شکل نگرفته‌اند. هر چیزی از چیز

دیگری سرچشمه می‌گیرد که در تصور شما یکسان است. شما نمی‌توانید آن را لمس کنید، بچشید، بشنوید و یا ببویید. هیچ مرزی وجود ندارد. شما نمی‌توانید جهان را با فرمول‌های ریاضی یا تحقیق علمی ثابت کنید. همه ما می‌دانیم که وجود دارد. این افکاری که دارید، اعتقاداتی است که در شما رخنه می‌کند. این تصورات خیالی که همیشه در شما وجود دارند، در حوزه‌های علمی به اثبات نرسیده‌اند.

شاید متداول‌ترین استفاده غلط از تخیل، تأکید به نخواستن چیزی برای خودتان است. این نوع استفاده از تخیل بزرگ‌ترین اشتباه است. به مکالمات عمومی توجه کنید، باور نکردنی بودن آن را خواهید فهمید. تصور کنید که عباراتی را پیدا کنید: من لایق این موفقیت نیستم، من بدبخت هستم، هیچ‌چیز به من کمک نمی‌کند، من سالم نیستم و نمی‌توانم خوب شوم. این‌ها نوعی اعتقاد هستند که ممکن از کودکی در ذهن ما مانده باشد. افرادی با این عقاید نتوانسته‌اند عملکرد بالایی از خود واقعیشان تصور کنند و آرزوهای خود را تحقق ببخشند.

شروع به توجه و مراقبت و آزاد گذاشتن تخیلتان کنید. به‌جای تقلید، تمرینی برای پر کردن خلاقیتان داشته باشید که سرشار از اعتقادات و آرزوهایی است که می‌خواهید آن را حفظ کنید به تخیلتان احترام بگذارید، صرف‌نظر از اینکه دیگران آن را مسخره می‌کنند یا غیر ممکن می‌دانند. به چیزی که در تخیل شماست و چیزی که هنوز به سطح فیزیکی وارد نشده است، اعتقاد داشته باشید.

هرگز هیچ فکری را که نمی‌خواهید، وارد تخیل خویش نکنید.

هرگز به تخیلتان اجازه ندهید با اعتقادات منفیتان نسبت به زندگی بد بین شود.

از تخیلتان برای تکمیل شناخت خدا و آرزوهای محقق شده با خدا استفاده کنید که شما را به آگاهی والاتر و برتر از خودتان می‌رساند.

باور کنید که تخیل شما، فقط و فقط برای شماست. درواقع آن ناحیه‌ی گسترده و بی مرز در ذهن شماست که هیچ‌کس به آن دسترسی ندارد. کسی نمی‌تواند وارد تخیل شما شود و چیزهایی را که ترجیح می‌دهد وارد آن کند. هم چنین هیچ اعتقادی نمی‌تواند به تخیل با شکوه شما وارد شود و شما را از عقایدتان بیرون بکشد.

تخیل شما زمین حاصلخیزی برای رشد هر دانه‌ای است. این قانون به شما توصیه می‌کند که هرگز به اعتقاد هیچ‌کس اجازه‌ی ورود به تخیلتان را ندهید که چه چیزی برایتان ممکن یا غیرممکن است، یا چگونه فکر کنید و چه کسی باید باشید و یا هر عقیده‌ی دیگری. توجه کنید که ممکن است تعدادی از این عقاید واقعاً از خوش نیتی دیگران پیشنهاد شده باشد و شما را به دوران کودکیتان باز می‌گرداند و بالا می‌برد.

هرگز و هرگز به اعتقاد کسی که می‌تواند آرزوهایتان و یا تخیّلتان را تخریب کند، اجازه‌ی ورود ندهید. این ملک شماست و تابلوی ورود ممنوع را بر روی تخیلتان نصب کنید.

اجازه ندهید که تصورتان با شرایط رایج زندگیتان محدود شود. تصور شما نامحدود است و اگر برای سطح معمولی آن را انتخاب کنید، در سطح عادی زندگی خود با تفکرات قدیمیتان باقی می ما نید؛ با این تفکر که همه‌ی چیزهایی که اکنون وجود دارند واقعیت زندگی هستند.

زمانی که شما هیچ تجربه‌ای درباره‌ی هدف زندگی ندارید و یا زمانی که ترجیح می‌دهید احساسات منفی مثل ترس، عصبانیت، تنفر، دشمنی و ناراحتی را وارد زندگی کنید، این راهنمایی به شما کمک می‌کند و برای شما

به شکل یک روش درمی‌آید. هرکدام از این احساسات، شما را از خدا دور می‌کند. تا می‌توانید شاد باشید و از زندگی لذت ببرید.

چرا از خدا می‌ترسید. خداوند، عشق و بی همتاست. اگر خدا بترسید، ناراحت و یا عصبانی باشید، چگونه می‌توانید به دیگران عشق بورزید. ترس، ناراحتی و تنفر قلب شما را آزرده می‌کند. خداوند بسیار مهربان است. آنقدر روی مهربانی خدا حساب کنید که قلبتان از شوق لبریز شود.

مراقب باشید که چگونه با کلمات بازی می‌کنید. چگونه کلماتی را استفاده می‌کنید که معنای بدی دارند... زیبا سخن گفتن زندگی شما را متحول می‌کند. استفاده از تخیل را تمرین کنید تا بتوانید خودتان را تنها در راهی مثبت با با افکاری زیبا تعریف کنید.

هیچ محدودیتی برای تخیلتان قرار ندهید و اعتقادات تحلیل شده را در مکانی خصوصی از خودتان ذخیره کنید؛ به طوری که کسی قادر به دلسرد کردن آن نباشد. تابلوی «ورود ممنوع» در تخیلتان بگذارید که برای یادآوری مسیر خصوصی باشد.

زندگی من، تصویری از تخیّلم در واقعیت است. من این‌گونه زندگی می‌کنم و کسی نمی‌تواند مرا از این روش زندگی دور کند، چون قصد رفتن به‌جای دیگری را ندارم. فقط می‌دانم که اگر همه‌ی جهان برای منصرف کردن من از رویاهای احمقانه تلاش کنند، هر گز نمی‌توانند خیال را از من بگیرند. این یک پایه‌ی ذهنی است که شما می‌توانید آن را برگزینید.

تخیّلتان می‌تواند به واقعیت مادی در زمانی که خداوند می‌داند؛ تحقق پیدا کند، پس چگونگی انجام آن را فراموش و در تخیّلتان به‌طور درونی زندگی کنید. این قدرت بزرگی است که شما از آن برخوردارید، البته اگر بخواهید به‌عنوان مال خودتان پذیرای آن شوید.

تأکید می‌کنم که چقدر ادعای این قدرت ذاتی خدا که در وجود شما نهاده شده برایتان حیاتی است و برای زندگی می‌توانید از آن استفاده کنید. برای دسترسی به این عقیده سرسخت باشید. رویاهایتان را بی‌وقفه در چنگ نگه دارید و آن‌طوری زندگی کنید که گویا اعتقادی که در تخیّلتان دارید، درواقع ماهیت شماست.

ما در ابتدا انرژی هستیم و بدن فیزیکی ما تنها نتیجه‌ی بیان انرژی ماست. اگر انرژی‌مان را تغییر دهیم می‌توانیم واقعیت فیزیکی خود را نیز تغییر دهیم. خداوند بدن فیزیکی ندارد و تنها انرژی است و این انرژی الهی شبیه انرژی جهان مادی که حسّتان گزارش داده، نیست.

وقتی شما شکوه خود را می‌فهمید، تنها با شکوه زندگیتان جذب می‌شوید و اگر معتقد به «دوست داشتن» باشید دوست داشتن را جذب می‌کنید. بهترین راه برای جذب بهترین چیزها، عشق دادن به خودتان است. این عشق چیزهایی از زندگیتان را جذب می‌کند که به سختی باورش می‌کنید و این واقعیت ساده‌ای است.

اگر بگویید «من ضعیف هستم»، نام خدا را که در وجود شماست بی حرمت کرده‌اید. چگونه ضعف برای منبع آفرینش جهان - منبع انرژی مسئول برای آفرینش جهان - ممکن است؟

«این در قانون شما نوشته نشده است». شما چطور می‌توانید با خود برترتان زندگی کنید درحالی که به این فکر می‌کنید که «من ضعیف هستم». آیا اجازه دارید که خودتان را به چنین روش کفرآمیزی تعریف کنید؟ با فکر کردن به این موضوع که «من قوی هستم»، در تخیّلتان چیزهایی قرار داده‌اید که نیازمندش بودید و با آن، به منبع «قوی بودن» به‌جای «ضعیف بودن» یکی شده‌اید.

به‌جای «من نمی‌توانم شغل دلخواهم را پیدا کنم»، بگویید «من توانا هستم». نگویید «قادر به زندگی در صلح و آرامش نیستم»، بلکه بگویید «من در صلح و آرامش هستم». نگویید «من در عشق، خوش‌شانس نیستم»، بلکه بگویید «من در عشق خوش‌شانس هستم». به‌جای «من خوشحال نیستم»، بگویید «من خوشحالم». جمله‌ی «من هستم» که همیشه برای توصیف خودتان بیان می‌کنید، جمله‌ای مقدس برای نام خداست. بالاترین بُعد خود را در نظر بگیرید. عادات همیشگی را کنار بگذارید و از لقب‌های تحقیرآمیز برای بیان خودتان استفاده نکنید.

یکی از درس‌های بزرگ ازعبارت «من هستم» این است که شما را به فکر «خودِ» الهیتان فرو می‌برد. درواقع، ستایش خداوند به شما اجازه می‌دهد که پیشرفت کنید.

«با خدا همه‌چیز ممکن است». تخیل شما مال خودتان است. شما آزاد هستید که هر چیزی را در تخیّلتان بگذارید: «من بااستعداد، قهرمان، خوشحال هستم». از جملاتی مانند: «با ارزش هستم و راضی هستم» نترسید و به زندگی اجازه دهید واقعیت شما باشد.

ذهن هوشیار شما عاملی است نهانی و همواره شخصی. این بُعد از وجود شما عامل تصمیم گیری و انتخاب‌ها به شمار می‌رود و همیشه ازآنچه که انجام می‌دهید و از نحوه‌ی تأثیرگذاری تصمیمات بر فعالیت‌های ارادیتان مطلع است.

افکار به واسطه‌ی «احساسات» در ذهن نیمه هوشیار جایگزین می‌شوند. هیچ فکری بر روی ذهن نقش نمی‌بندد مگر آنکه احساس شود، اما زمانی که حس شد باید عواقب آن را بپذیرید. احساس خوب اتفاقات خوب را رقم می‌زند و احساس بد اتفاقات بد را.

«احساس» تنها و تنها واسطه‌ای است که افکار از طریق آن به ذهن نیمه هوشیار منتقل می‌شوند.

شروع کنید به احساس کردن فکری که در خیالتان گنجا نده اید. به خاطر داشته باشید که این احساس همان حسی است که به هنگام فکر کردن به آنچه دوست دارید اتفاق بیفتد یا جایگاهی که می‌خواهید به آن برسید، در بدنتان ایجاد می‌شود. چشم‌هایتان را ببندید و آن احساسات را در بدنتان تجربه کنید.

تخیّل شما قادر است تمام خواسته‌های شما را به تنا سب میزان توجهتان برآورده سازد.

گنج درونیتان همان احساس شما از زندگی در دنیایی با فراوانی نامحدود است. اجازه ندهید عوامل بیرونی شما را از «آنچه در خیالتان قرار داده‌اید» منحرف سازد. همواره با احساسات درونی «من خوشبختم، من ثروتمندم، من عالی هستم» زندگی کنید. به کمک تخیلتان می‌توانید ذهن نیمه هوشیارتان را طوری برنامه‌ریزی کنید که تجاربی را که با احساس درونیتان همخوانی دارد، برایتان ایجاد کند.

ذهن نیمه هوشیار شما حدود ۹۶ درصد از کارهایی را که در زندگیتان انجام می‌دهید، کنترل می‌کند؛ به‌گونه‌ای که انگار شما - تقریباً برای هر چیزی که در هر روز از زندگیتان انجام می‌دهید - روی یک راهنمای خودکار قرار گرفته‌اید.

بیست دقیقه‌ی آخر روز، قبل از آنکه خوابتان ببرد، مهم‌ترین بیست دقیقه‌ی روزتان است اگر که بخواهید یک زندگی با آرزوهای برآورده شده را آغاز کنید. در این بخش کوتاه روزتان، باید به ذهن نیمه هوشیارتان بگویید که چه احساسی دارید و خداوند قرار است چه آرزوهایی را به هنگام برخاستنتان از

خواب عمیق برآورده سازد. این قسمت بیست دقیقه‌ای در رختخواب که در حال ورود به ذهن نیمه هوشیار و خوابیدن در حدود ده ساعت بعد هستید، حیاتی‌ترین قسمت کل ۲۴ ساعت روزتان به شمار می‌رود.

این بیست دقیقه‌ی قبل از خواب، آخرین قوّت قلب شما برای ذهن نیمه هوشیارتان است. شما باید با ایجاد حسّ برآورده شدن آرزویی که در تخیلتان گنجانده‌اید، تمرکز کنید.

احساسی که در نتیجه‌ی پاسخ به این سؤال که «اگر به همه آرزوهایم برسم حالم چگونه خواهد بود» به وجود می‌آید، همان احساسی است که باید تمام توجهتان را قبل از خواب به خود مشغول سازد و آن را تثبیت کند. قبل از آنکه خواب وجودتان را دربرگیرد، باید در آگاهی ازآنچه که می‌خواهید باشید یا دوست دارید داشته باشید به سر ببرید.

این عبارت جادویی را به خاطر بسپارید: «شما برگرفته از خدا هستید. آن بخش ناپیدا از وجود شما درواقع ذهنی است متعلق به خدا؛ البته تا زمانی که خدا را فراموش نکرده باشید».

اگر در ذهن نیمه هوشیارتان ایمان شما به پولدار بودن را دریافت کند، شما پولدار خواهید شد. اگر ذهن نیمه هوشیار این باور را که «من خوشحالم»، «من عاشقم»، «من باهوشم» و یا هر عبارتی راکه با ایمان به آن ایجاد می‌کنید از شما دریافت کند، آن را به واقعیت مادّیتان تبدیل خواهد کرد.

«قبل از خوابیدن، باید خود را طوری آماده کنید که گویی به زیارت جایی مقدس می‌روید... هرگز با افکار منفی در سر به رختخواب نروید زیرا خرابی عظیمی را در ضمیر نیمه هوشیارتان پدید خواهد آورد».

اگر به ناکامی فکر کنید، محرومیت را به‌سوی خود می‌کشید. اگر از ذهنتان

بگذرد یا به زبان بیاورید که کاری از من ساخته نیست، من گرفتارم، زندگی‌ام کنترل ناپذیر است. نیروی این افکار با نیروی زندگی رؤیایی متضاد است، درنتیجه در برابر رسیدن به زندگی رؤیایی مقاومت می‌کند. به خاطر بسپارید، فکر کردن به ناکامی، محرومیت بیشتری را در پی دارد و اگر به این طرز فکر ادامه دهید، دنیای هستی نیز نیرویی برای شما می‌فرستد که کفه‌ی سنگین ترازو به زمین بچسبد و شما در همان حال بمانید.

شما می‌توانید با افکار مثبت، یعنی اندیشیدن به زندگی سعادت آمیز، به افکارتان جهت دهید، به‌گونه‌ای که با آرزوهایتان هماهنگ باشد تا جهان نیز فرصت‌های تازه در اختیارتان بگذارد. به این نکته توجه کنید: دنیا محدود است، اما دنیای ذهن مرزی ندارد و از کاشت دانه‌ی آرزوهای بزرگ رویاهایتان به ثمر می‌نشیند.

به هر چیز فکر کنید همان را به دست می‌آورید. پس چه بهتر که به آرزوهایتان فکر کنید و به دشواری یا امکان ناپذیری آن‌ها اعتنایی نداشته باشید.

نیروی رؤیای خود را در ذهنتان قرار دهید و همسو با آن بیندیشید تا انرژی کافی جذب کنند. از یاد نبرید که بهای خرید این نیرو، تنها افکار شماست. لذا آن را برای خرید آنچه نیاز ندارید خرج نکنید.

با مهارت و کوشش‌های آگاهانه از تقلا کردن بیهوده کم کنید. برای این منظور باید مغزتان را آرام بگذارید. وقت بیشتری را به لذت بردن از زندگی اختصاص دهید و با اندیشمندی به ستاره‌ها، ابرها، رودها، رگبار باران، جانداران و طبیعت بنگرید. سپس همین نیروی مهربانی ناشی از آسودگی را به دیگران گسترش دهید. ابتدا از خانواده شروع کنید وقت زیادتری را برای بازی پر سر و صدا با بچه‌ها بگذرانید، به حرف‌هایشان گوش دهید و برایشان گاهی داستان بخوانید. با کسی که عاشقانه دوستش دارید به گردش بروید و

به وی بگویید که او را از اعماق قلبتان دوست دارید.

در محل کار، اجتماع و حتی با غریبه‌ها همین روش را در پیش بگیرید. بکوشید به‌جای آن که عجله نشان دهید جای خود را در صف به دیگری بدهید. هنگامی که در رانندگی به چراغ زرد می‌رسید به‌جای آن که به‌سرعت خود بیفزایید، توقف کنید و از رانندگی دیوانه وار پرهیز کنید و به دو دقیقه زودتر رسیدن فکر نکنید. در شلوغی خیابان‌ها با روی خوش به رانندگان راه بدهید، هر چند که حق به جانب شما باشد.

همه‌ی این‌ها، راه‌های آغاز تغییر جهت است. آرامش را خود به وجود آورید و از زندگی لذت ببرید.

اگر مردم از شما فراری هستند بدانید که ارتعاش افکارتان ترس آور و ناراحت کننده است و به زبان ساده، تعادل ندارید. برای آن که از تأثیر خود بر دیگران آگاه شوید فهرستی از کسانی را تهیه کنید که با شما روراست هستند، آن گاه از آنان بپرسید شما را چگونه می‌بینند تا از این راه به افکار دیگران درباره خود پی ببرید و آن را با برداشت از خود که درون شماست بسنجید.

شما هیچ کار اشتباهی انجام نداده‌اید. شما شکست نخورده‌اید - فقط رفتاری داشته‌اید که نتیجه‌هایی به بار آورده‌اند. پرسش این نیست که چرا نادرست رفتار کرده‌اید، بلکه سؤال اصلی این است با این نتایج چه می‌کنید؟ اگر شرم و احساس گناه را انتخاب کنید، بیشتر از هر احساس دیگری ضعیف می‌شوید و از زندگی کناره می‌گیرید. گاهی هم می‌خواهید دیگر زنده نباشید. راه بهتر این است: در هر وضع و حالتی که هستید در حال حاضر نقصی برای زندگی ندارید. شما ناگزیر بودید که این ضربه‌ی روحی را تحمل کنید و با بدرفتاری خود دیگران را ناراحت و نومید سازید. شما باید به این میزان سقوط می‌کردید تا بدانید که مشکل از کجاست و نیاز به

تعدیل دارید و با نیروی فکر خودتان را به جای برتری برسانید و بفهمید شما هنوز موجودی الهی هستید و همه‌ی ضعف‌هایی که در خود حس می‌کنید با عشق به خداوند هماهنگ نیست.

در حالت ناامیدی و یاس، از خداوند راهنمایی بخواهید و دعا کنید نیروی هیجان بخش و سلامت و آرامش در قلبتان جاری شود. اگر حال خوبی ندارید، بی‌درنگ به این راه آرامش بازگردید و خودتان را ببخشید و در عشق خدا غرق شوید تا بار دیگر زندگی‌تان تعدیل شود.

اگر ناکامی در آرزوها و برآورده نشدن نیازها را به خداوند نسبت دهید، بهانه‌ای همیشگی دارید تا هرچه پیش آمد آن را بپذیرید؛ اما خداوند بیش از اندازه مشتاق است نعمت فراوانی را به انسان اعطا کند.

درواقع او برکت مطلق است، اما انسان خودش از راه سعادت بیرون می‌رود. اگر کمبودها را به خواست الهی بدانید نیروی مقاومت بزرگی در برابر برخورداری از برکت در شما به وجود می‌آید و کائنات نیز آنچه را باور دارید بیشتر و بیشتر برایتان می‌فرستد.

اگر برای شما اتفاق بدی می‌افتد، شما بدبخت یا مقصر نیستید، بلکه در آن لحظه فکرتان و آن اتفاق، ارتعاشی یکسانی داشته‌اند. اگر این طور فکر کنید، دنیا را می‌توانید با ارتعاش فکرتان را مطابقت دهید و با آنچه دوست دارید هماهنگ شوید. با تغییر ارتعاش کم به ارتعاش بالا، انرژی را به حرکت در می‌آورید که با آرزوی عالی شما همسو باشد. از شما می‌خواهم تفکر خود را به ارتعاشی بودن فکر قرار دهید و دیدگاه خوشبختی در برابر بدبختی را کنار بگذارید.

درواقع افکار شما دارایی شما هستند و وقتی با هدف مشخص، پشتکار و میل سوزان به سمت هدف حرکت کنند، آن‌ها را به ثروت یا آنچه بخواهید

تبدیل می‌کنند.

وقتی کسی واقعاً آماده کاری باشد، خودش را در مدت کوتاهی نشان می‌دهد.

یکی از رایج‌ترین دلایل شکست، تسلیم شدن است؛ آن هم وقتی که شکست موقتی پیش می‌آید. هر شخصی در هر زمانی اگر چنین اشتباهی بکند مقصر است.

وقتی شکست می‌خورید، آسان‌ترین و منطقی‌ترین کاری که باید انجام دهد تسلیم شدن است. این دقیقاً همان کاری است که بیشتر انسان‌ها انجام می‌دهند.

بیش از هزاران نفر از موفق‌ترین مردان این کشور که تاکنون شناخته شده‌اند، بر این باورند که بزرگ‌ترین موفقیتشان فقط یک قدم با پیروزی فاصله داشته‌اند که شکست را قبول می‌کنند و دست از کار می‌کشند.

وقتی «اندیشیدن و ثروتمند شدن» را شروع کنید خواهید دید، ثروت با یک حالت ذهنی، هدف مشخص و کار کم یا آسان آغاز می‌شود. شما و هر فرد دیگری باید علاقه داشته باشید که بدانید چطور به حالت ذهنی دست یابید؛ حالتی که ثروت را جذب خواهد کرد.

«انیشتین» یک آدم موفق بود؛ چون اصول موفقیت را می‌شناخت و به کار می‌برد. یکی از اصول میل شدید است؛ یعنی دانستن آنچه انسان می‌خواهد.

آر تعاش درست شما به شیوه‌ای که هیچ بشری با آن آشنا نیست نیروها، شخص‌ها و موقعیت‌های زندگی را به ما جذب می‌کنند؛ نیروهایی که با ماهیت افکار غالب و حاکم ما سازگار هستند.

قبل از اینکه بتوانیم ثروت فراوانی داشته باشیم، باید ذهنمان را به میل شدید

به ثروت، جذب کنیم و آگاهی پولی داشته باشیم تا این میل شدید به پول، ما را به پیدا کردن ایده‌های جدید برای دستیابی به آن سوق دهد.

پیروزی

هرکسی در هر مسئولیتی می‌خواهد پیروز شود، باید مایل باشد تمام پل‌های پشت سرش را خراب کند و تمام منابع عقب‌نشینی را قطع کند. فقط با انجام چنین کاری می‌تواند مطمئن شود وضعیت ذهنیِ اشتیاق به پیروزی حفظ می‌شود؛ وضعیتی که برای موفقیت لازم است.

اما شما همیشه شنیده‌اید که همه توصیه می‌کنند پل‌های پشت سرتان را خراب نکنید. چون فکر می‌کنید راه برگشت دارید؛ تلاش زیادی برای موفقیت نمی‌کنید.

پول آرزوی هر انسانی است که آن را می‌شناسد. آرزو به تنهایی ثروت نمی‌آورد. آنچه که ثروت را به ارمغان می‌آورد میل به داشتن آن، همراه با اشتیاقی بی‌پایان؛ که به لذت فکری تبدیل می‌شود؛ سپس برنامه‌ریزی می‌کنید و ایده‌های خود را جمع می‌کنید و بعد دست به کار می‌شوید.

اگر این پول را آن قدر مشتاقانه می‌خواهید که این خواسته فکری شماست، هیچ مشکلی در قانع کردن خودتان برای دستیابی به آن پول نخواهید داشت. هدف، خواستن پول و مصمم بودن در کسب آن است که باعث می‌شود خودتان را قانع کنید آن را به دست آورید. فقط کسانی که نسبت به پول «آگاه و هوشیار» هستند ثروت هنگفتی اندوخته می‌کنند. «آگاهی پولی» به این معناست که ذهن سرشار از میل شدید به پول است و فرد می‌تواند خودش را مالک آن ببیند.

تمامی کسانی که ثروت‌های هنگفتی اندوخته‌اند، ابتدا با رؤیا، امید، آرزو،

میل شدید و برنامه‌ریزی مشخص قبل از کسب پول، شروع کردند. ممکن است شما نیز درست همین‌جا فهمیده باشید که هرگز نمی‌توانید ثروت هنگفتی به دست آورید؛ مگر اینکه بتوانید برای دستیابی به آن، شورو هیجان و میل شدید داشته باشید. درواقع باور کنید که مالک آن خواهید شد.

هم چنین ممکن است بدانید، از آغاز تمدن تاکنون هر رهبر بزرگ و برجسته‌ای یک رؤیاپرداز بوده است. چون بنیان گذاران آن تمدن، همیشه خیال پردازان پر شوری بوده‌اند؛ خیال پردازانی که برای دیدن واقعیت‌ها به شکل ذهنی معنوی آن، پیش از آن که به شکل فیزیکی تبدیل شوند، بینش و تخیل داشته‌اند. اگر ثروت‌های هنگفت را در تخیلتان نمی‌بینید، هیچ‌وقت آن‌ها را در موجودی بانکی‌تان نیز نخواهید دید.

هنگام برنامه‌ریزی برای دستیابی به سهم ثروتتان اجازه ندهید هیچ‌کس برشما تأثیر بگذارد و رؤیا پردازی‌تان را تحقیر کند.

اگر کاری که می‌خواهید انجام دهید درست است و آن را باور دارید، پس ادامه دهید! رؤیایتان را آشکارا به دیگران نشان دهید و اگر با شکست موقتی مواجه شدید، مهم نیست «آن‌ها» چه می‌گویند. شاید «آن‌ها» نمی‌دانند که هر شکستی بذر موفقیت معادل آن را همراه خود می‌آورد.

توماس ادیسون رؤیای لامپی را در سر داشت که می‌توانست با برق کار کند. از جایی که ایستاده بود شروع کرد تا رؤیایش را عملی سازد. به رغم بیش از ده هزار بار شکست، همچنان پای آن رؤیا ایستاد تا آن را به واقعیتی فیزیکی تبدیل کرد. رؤیاپردازان واقعی هرگز تسلیم نمی‌شوند!

شما ناامید شده، در مدت بحران دستخوش شکست شده و احساس کرده‌اید شخصیتتان خرد شده است. شهامت داشته باشید؛ چون این تجربه‌ها آن ماده معنوی را که ساخته‌اید تنظیم کرده‌اند.

تمامی کسانی که در زندگی، موفق می‌شوند شروع بدی دارند و پیش از «رسیدن» به هدفشان تلاش‌های اندوه آور زیادی را پشت سر می‌گذرانند. معمولاً نقطه عطف زندگی کسانی که موفق می‌شوند، در لحظه بحران پیش می‌آید.

آرزوی چیزی را داشتن با آماده بودن برای دریافتش فرق دارند. هیچ‌کس تا وقتی باور نکند که می‌تواند به چیزی دست یابد آماده آن نیست. حالت ذهنی باید باور و اعتقاد بشود؛ نه فقط امید یا آرزو. برای باور و اعتقاد نیز قدرت درکی بزرگ لازم است. ذهن بسته و کوته بینی نمی‌تواند الهام بخش ایمان، شجاعت و باور باشد.

از روش‌های ساده برای تمرکز کردن استفاده کنید؛ طوری که هیچ‌وقت چیزهای سخت باور نکرده است؛ ذهنی را بسازید که واژه‌ای به نام غیر ممکن نمی‌شناسد و واقعیتی به نام شکست را نمی‌پذیرد.

ایمان

ایمان، کیمیاگر اصلی ذهن است. وقتی ایمان با ارتعاش فکر ادغام می‌شود ذهن نیمه هشیار فوراً آن ارتعاش را می‌گیرد، به معادل معنوی آن برمی‌گرداند و آن را به هوش نامحدود انتقال می‌دهد؛ همان طور که درباره عبادت صدق می‌کند.

اصلی که میل شدید را به معادل فیزیکی یا پولی آن تبدیل می‌کند. آن اصل، اصل ایمان است. ایمان حالتی از ذهن است که ممکن است با تأیید یا دستورات پی‌درپی به ذهن نیمه هشیار، آن هم از طریق اصل خودتلقینی القا یا ایجاد شود.

توصیف روشی که انسان ایمانش را گسترش می‌دهد، بی‌نهایت دشوار

است. این روش اکنون وجود ندارد. در حقیقت به سختیِ توصیف رنگ قرمز برای نابینایی است که هیچ‌وقت رنگ را ندیده است.

ایمان یقین قلبی است که ممکن است، به‌طور ارادی، بعد از اینکه بتوانید به خدا اعتماد کنید به دست می‌آید.

تأکید بر دستورها به ذهن نیمه هشیار شما، به روش تکرار، تنها روش معروف توسعه ارادی احساس ایمان است.

«هر فکری که دائم به ذهن نیمه هشیار وارد می‌شود، سرانجام ذهن آن را می‌پذیرد و عملی می‌کند و آن قدر پیش می‌رود تا آن فکر را با عملی‌ترین رویه موجود، به معادل فیزیکی آن تبدیل کند.»

باور یا ایمان شما عاملی است که تعیین کننده عمل ذهن نیمه هشیارتان است. وقتی با خودتلقینی دستوراتی به ذهن نیمه هشیارتان می‌دهید، هیچ مسئله‌ای شما را از «فریب» این ذهن باز نمی‌دارد.

این حقیقت را درک کنید تا بفهمید چرا مهم است احساسات مثبت را به‌عنوان نیروهای حاکم بر ذهنتان تشویق کنید و احساسات منفی را تضعیف و حذف کنید. ذهنی که زیر تسلط احساسات مثبت است جایگاه مطلوبی برای حالت ذهنی ایمان می‌کند.

این یک حقیقت شناخته‌شده است که سرانجام فرد هرچه برای خودش تکرار می‌کند، چه درست چه غلط، باور می‌کند. اگر کسی دروغی را بارها و بارها تکرار کند، سرانجام آن دروغ را به‌عنوان یک حقیقت می‌پذیرد. درنهایت هم باور می‌کند که حقیقت است.

اکنون توصیفی از یک حقیقت قابل توجه به ذهن می‌رسد و آن اینکه افکاری که با هر یک از احساسات و عواطف ادغام می‌شود نیروی «مغناطیسی»

می‌سازد که افکار مشابه یا مربوط دیگری را از ارتعاشات فضا جذب می‌کنند؛ بنابراین، ممکن است یک فکر «مغناطیسی شده» با احساس، با بذری مقایسه شود که وقتی در خاک حاصلخیز کاشته می‌شود، جوانه می‌زند و رشد می‌کند و بارها بارها تکثیر می‌شود؛ این گونه یک بذر کوچک اصلی به میلیون‌ها بذر بی شمار از همان نوع تبدیل شود.

ما به دلیل ارتعاشات فکری که از راه محرک‌های محیط روزمره‌مان انتخاب و ثبت می‌کنیم همانی هستیم که واقعاً هستیم. تصمیم بگیرید اثرات هر محیط شوم و بداقبال را بیرون بریزید و زندگی خودتان را بسازید و سروسامان دهید. شما با درنظر گرفتن فهرست دارایی‌ها و بدهی‌های ذهنی‌تان، خواهید فهمید که بزرگ‌ترین نقطه ضعفتان نداشتن اعتمادبه‌نفس است. می‌توان براین نقص و نارسایی غلبه و بی ارادگی را به کمک اصل خودتلقینی به شجاعت تبدیل کرد.

اگر فکر می‌کنید شکست خورده‌اید، پس شکست خورده‌اید.

اگر فکر می‌کنید جرأت ندارید، پس ندارید.

اگر فکر می‌کنید می‌بازید پس بازنده خواهید بود.

اگر فکر می‌کنید بهتر از دیگران هستید، پس هستید.

بنابراین موقع خواندن عبارتِ تأکیدی با صدای بلند (که به واسطه آن تلاش می‌کنید «آگاهی پولی» را توسعه دهید) به یاد آورید که خواندن صِرف این جملات نتیجه‌ای ندارد؛ مگر آنکه هیجان یا احساس را با کلماتتان ادغام کنید. اگر یک میلیون بار بگویید «من روزبه‌روز در هر راهی بهتر و بهتر می‌شوم» را بدون احساس شادی، تکرار کنید نتیجه مطلوبی را تجربه نخواهید کرد. ذهن نیمه هشیار شما تنها افکاری را تشخیص می‌دهد و

براساس آن عمل می‌کند که کاملاً با هیجان یا احساس ادغام شده‌اند.

کلمات ساده و غیر احساسی، بر ذهن نیمه هشیار تأثیر نمی‌گذارند.

منتظر یک طرح یا برنامه مشخص نباشید که خدمات یا کالایتان در ازای پولی پیش بینی شده را مبادله کنید؛ بلکه یک باره خودتان را مالک آن پول ببینید. ضمناً ادعا و پیش بینی کنید ذهن نیمه هشیارتان طرح یا طرح هایی که نیاز دارید به شما خواهد داد.

علم و دانش پول را جذب نخواهد کرد؛ مگر آنکه با طرح های عملی سازمان دهی شود و هوشمندانه تا هدف مشخص یعنی اندوختن پول هدایت گردد. درک نکردن این حقیقت منشأ سردرگمی برای میلیون‌ها فردی است که به اشتباه اعتقاد دارند که «دانش قدرت است» اما این طور نیست! دانش فقط قدرت بالقوه است و فقط زمانی و در صورتی به قدرت تبدیل می‌شود که در طرح های مشخص عملی سازمان دهی و تا هدفی مشخص هدایت شود.

اندوختن ثروت کلان نیازمند قدرت است و قدرت با دانش تخصصی به دست می‌آید؛ دانشی که کاملاً سازماندهی شده و به‌صورت هوشمندانه هدایت شده است؛ اما لزوماً این دانش نباید در اختیار کسی قرار بگیرد که آن ثروت را اندوخته است.

یکی از موضوعات عجیب درباره انسان این است که فقط قدر موقعیتی را می‌داند که قیمتی داشته باشد.

آگاهی از نحوه کسب علم و دانش ارزش دارد! شخصی که مطالعه و آموزش را متوقف می‌کند، فقط چون دانشگاه را تمام کرده است، همیشه با ناامیدی محکوم است آدم معمولی و کم استعدادی بماند. مهم نیست چه حرفه‌ای داشته باشد. راه موفقیت، راه پیگیری مداوم و مستمر علم و دانش است.

اگر شما هم قدرت تخیل دارید ممکن است این فصل، ایده کافی به شما بدهد تا ثروتی را اندوخته کنید که می‌خواهید. به یاد داشته باشید موضوع اصلی فکر و ایده است. دانش تخصصی ممکن است در هر گوشه‌ای یافت شود!

ذهن خلاق

درواقع، قدرت تخیل کارگاهی است که در آن، تمام طرح‌های ساخته انسان جدید می‌شوند. به کمک قدرت تخیلی ذهن شکل، حالت و عمل، به میل شدید داده می‌شود. گفته شده است انسان می‌تواند هر چیزی را که تصور می‌کند بسازد.

اگر شما یکی از کسانی باشید که معتقدید سخت کوشی و درستکاری، به تنهایی ثروت خواهد آورد فکرتان را پاک کنید؛ درست نیست! وقتی ثروت در مقادیر هنگفت می‌آید، هرگز نتیجه سخت کوشی نیست! اگر در واکنش به تقاضاهای مشخص ثروتی به دست بیاید، براساس کاربرد اصول مشخص می‌آید؛ نه با شانس و احتمال. به طورکلی، یک ایده فکری است که با رجوع به قدرت تخیل، عمل را برمی انگیزد. تمام فروشندگان ماهر و اصلی می‌دانند، کالا را ممکن است نتوانند بفروشند؛ اما بالاخره ایده را در جایی می‌فروشند. فروشندگان معمولی این را نمی‌دانند؛ به همین دلیل «معمولی» هستند.

«موفقیت نیازمند هیچ توضیحی نیست و شکست هیچ عذری را نمی‌پذیرد.» هیچ بشری تابه حال مجبور نشده است؛ مگر اینکه خودش در ذهنش تسلیم شود. این حقیقت بارها تکرار خواهد شد؛ زیرا بسیار آسان است که انسان با اولین نشانه شکست، «کاملاً مغلوب شود».

«یک فرد بی اراده هرگز برنده نمی‌شود و یک فرد برنده هرگز تسلیم نمی‌شود.»

این جمله را بردارید، با حروف درشت روی یک تکه کاغذ بنویسید و در جایی قرار دهید که هر شب قبل از خواب و هر صبح قبل از رفتن به سر کار ببینید.

این ویژگی افرادی است که دانش سطحی دارند و سعی می‌کنند طوری بر دیگران تأثیر بگذارند که گویی دانش بالایی دارند. چنین افرادی، عموماً خیلی حرف می‌زنند و خیلی کم گوش می‌دهند. اگر می‌خواهید به عادت اراده و تصمیم بی‌درنگ دست یابید چشم و گوشتان را کاملاً باز و دهانتان را بسته نگه دارید. آن‌هایی که خیلی حرف می‌زنند کار کمی انجام می‌دهند.

اگر شما بیشتر از گوش دادن، حرف بزنید، نه‌تنها خودتان را از فرصت‌های زیادی برای اندوختن علم و دانشِ مفید محروم می‌کنید بلکه برنامه‌ها و اهدافتان را برای کسانی فاش می‌کنید که لذت زیادی از شکست شما خواهند برد؛ چون به شما حسادت می‌کنند. هم چنین به یاد داشته باشید که هر زمان دهانتان را در حضور فردی دانشمند باز می‌کنید مقدار دقیق دانشتان یا فقدان آن را به او نشان می‌دهید. درایت و خردمندی واقعی معمولاً با سکوت و فروتنی آشکار می‌شود.

شما باید ثروتمند باشید، زیرا حق ندارید فقیر باشید. زندگی کردن و ثروتمند نبودن حتماً بداقبالی است و بدبختی مضاعف آن که به همان اندازه که می‌توانید فقیر باشید می‌توانید ثروتمند گردید. این وظیفه‌ی بی چون و چرای ماست که از راه‌های شرافتمندانه ثروتمند شویم؛ و البته راه شرافتمندانه تنها راهی است که به‌سرعت ما را به‌سوی ثروت می‌کشاند.

اگر فقیر باشید نمی‌توانید احساس شادمانی و خوشبختی کنید. وانگهی، لازم نیست فقیر باشید. فقر گناه است. فقر جهنمی زاییده‌ی کور بودن انسان در برابر نعمات بیکران خدا برای آدمی است • فقر تجربه یی ناپاک و آزارنده

و خوارکننده است. درواقع، فقر نوعی مرض است و در موارد شدید، نشانه‌ی حماقت.

فقر سبب می‌شود که زندان‌ها از دزدان و جنایتکاران پُر شود. فقر انسان‌ها را به‌سوی اعتیاد و فساد و فحشاء و خودکشی سوق می‌دهد. از کودکان پاک و بااستعداد و باهوش، مجرم و بزهکار می‌سازد. باعث می‌شود مردم به کارهایی دست بزنند که اگر فقیر نبودند به فکرشان هم خطور نمی‌کرد. فقر دست آورد جنگهای کنونی است.

بیشتر دولت‌هایی که به بعضی کارها رو آورده‌اند معمولاً به دلایل اقتصادی چنین کرده‌اند و این نظام را راه حلی برای امنیت مالی پنداشته‌اند. عواقب معصیت بار فقر بی انتها است.

هیچ عذر و بهانه یی را برای کنار آمدن با تنگدستی یا پذیرفتن آن به‌صورت وضعیتی دائمی قبول نکنید. صرفاً به این دلیل که می‌توانید کارهای نیک بسیار به انجام برسانید، نخواهید توانگر شوید. دلیل اصلی اینکه می‌خواهید توانگر باشید این است که باید ثروتمند باشید. از آنجا که توان خلق کردن را به شما داده است، ثروتمندی حقّ مسلّم شما و میراث الهی شماست.

دلیلی ندارد که ثروتمندی را از زندگی معنوی خود جدا بدانید. لازم نیست در دو عالم زندگی کنید. شش روز هفته را بدوید و روز هفتم به خدا فرصت بدهید تا نشانتان دهد که چه می‌تواند بکند. هر روز هفته و هرلحظه، خدا را به چشم پدری دولتمند و پرمحبت بنگرید که وضع شما را می‌فهمد و احساس‌هایتان را درک می‌کند و نسبت به همه‌ی امور شما علاقه‌مند است و مراقب جزءجزء زندگی شماست. درباره‌ی همه‌ی کارهایتان - خواه امور مالی و خواه سایر امور - هدایت او را جویا شوید و فرمان الهی او را بطلبید. آنگاه از بهبود دلپذیر همه‌ی جنبه‌های زندگیتان به شگفت خواهید آمد.

وعده الهی این است: «همه‌چیز از آنِ شماست.»

هرگاه دریابید که این خواست خداست که ثروتمند باشید و به‌عنوان خالق این عالم غنی، سرچشمه‌ی ثروت شماست، آنگاه مال پرست نمی‌شوید و از ثروتمندی خود برای خود بُت نمی‌سازید. شما صرفاً از منشاءِ همه‌ی مواهب و برکات خود، میراث غنی و بیکران خویش را می‌طلبید.

واژه‌ی ثروت یا تموّل و دارایی، به معنای زندگی شکوهمند است؛ و این همان چیزی است که متفکر باید برای حصول آن بکوشد و آن را حقّ معنوی خود بداند.

اگر خدا را منشاءِ همه‌ی برکت‌ها و ثروت‌های خود بدانید و برای یکایک جزئیات امور مالی خود چشم امیدتان را به او بدوزید، همه‌ی جنبه‌های زندگیتان ثبات می‌یابد. آنگاه زمانی می‌رسد که شاهد اضطرارها و فوریت‌های مالی نخواهید شد و به مائده‌های بی‌درنگ آسمانی نیاز نخواهید داشت. شگفت اینکه هرچه بیشتر خدا را سرچشمه‌ی روزی خود بدانید، اوضاع مالی‌تان بهتر می‌شود و همواره جوهری که نیازهایتان را برمی آورد در دسترس شما خواهد بود. هرگاه بی‌وقفه خدا را منشاءِ مدام برکات خود بدانید، از خدا رزق هر روز خود را بخواهید که به شما عنایت خواهد کرد.

همواره به خاطر آورید که خدا منشاءِ همه‌ی برکت‌هاست. آنگاه با او و جوهر غنی و آرمان‌های غنی او که منتظر شناخت و تأیید شما هستند تماس معنوی حاصل کنید و بگویید: خدا دوستم دارد. اکنون همه‌ی موهبت‌ها و عطایای گرانقدر او را می‌پذیرم. کامیابی شادمانه‌ام مشیّت خداست؛ این نعمت‌های خدا به زودی به من داده خواهد شد.

آگاهی از اینکه می‌توان همه‌چیز را نخست در ذهن به انجام رساند و پی بردن به اینکه ذهنتان قدرت الهی شماست که می‌توانید در جهت خیر آن را

به کار ببرید، شگفت‌انگیز است. دلیل اینکه می‌توان همه‌چیز را نخست در ذهن به انجام رساند این است که ذهن حلقه‌ی اتّصال میان عالم محسوس و عالم نامحسوس است.

همه‌ی ما چون مغناطیس هستیم! و در مقام مغناطیس لازم نیست کامیابی و توانگری را به زور به‌سوی خود بکشانید. می‌توانید به‌جای پرسه زدن در پریشانی و فشار و انتقاد و اضطراب و افسردگی و عدم بخشایش و حسّ تملّک که همه گونه بدبختی و مشکل و شکست را به خود جذب می‌کند، آن جایگاه ذهنیِ وجدآمیز و امید و انتظار ثروتمند شدن را در خود بیافرینید که همه‌ی موهبت‌های نیکوی عالم را شتابان به‌سوی شما می‌کشاند.

در اینجا یکی از فنون «عفو و بخشایش» را به شما می‌آموزم که می‌تواند برای هر موهبتی که هم‌اکنون در زندگیتان نیاز دارید باز هم بیشتر دریافت کنید.

هر روز ساعتی در جایی آرام بنشینید و همه‌ی کسانی را که به شما ظلم کرده‌اند، یا نسبت به آن‌ها احساسی ناخوشایند دارید ذهنا ببخشید. اگر کسی را به بی‌عدالتی متهم کرده‌اید، اگر با کسی به تندی سخن گفته‌اید، اگر از کسی انتقاد یا پشت سرش بدگویی کرده‌اید، اگر کارتان با کسی به دعوای قانونی کشیده است، ذهنا از آن‌ها عفو و بخشایش بطلبید. ذهن نیمه هشیار آن‌ها پیام شما را خواهد گرفت و پاسخ مثبت خواهد داد. اگر به خودتان نیز این اتهام را وارد کرده‌اید که شکست خورده‌اید یا خطا کرده‌اید خودتان را نیز ببخشید. عفو و بخشایش می‌تواند شما را آرام کند؛ و راه توانگری و کامیابی شما را بگشاید. برای بخشیدن دیگران، در ذهن خود تکرار کنید:

عشق بخشاینده‌ی خدا ما را آزاد کرده است. عشق الهی اکنون ثمراتی نیکو و کامل می‌آفریند و دیگر بار میان ما صلح و صفا برقرار می‌شود. من خدا را با دید بهتری می‌بینم و او را مهربان‌تر از همه می‌بینم.

برای ثروتمند شدن خودتان تکرار کنید:

«من تنها در پناه عفو و بخشایش و لطف و مرحمت خدا هستم.»

آیا در این اندیشه‌اید که چگونه و از چه راهی یکی از مشکلاتتان باید حل شود؟ اگر در چنین وضعی قرار گرفته‌اید، رها کنید؛ آزاد کنید؛ خلاص کنید؛ باید از چیزی دست بکشید یا دست از سرِ کسی بردارید. در مورد وضعیت یا اشخاصی که به آن‌ها گرفتاری دارید، مدام در دل خود تکرار کنید: «من رها و آزاد هستم. از همه‌چیز دست برمی دارم تا همه‌چیز را به دست خدا بسپارم.» از رها کردن نهراسید. با رها کردن هیچ‌چیز را از دست نمی‌دهید. در معنویت، رهایی و خلاصی هست؛ اما فقدان و از دست دادن نیست. رها کنید تا موهبت‌های خودتان و دیگران، آزادانه‌تر حرکت کند و به سویتان آید. رهایی، بر قدرت جاذبه‌ی موهبت‌ها می‌افزاید.

همه‌ی ما می‌خواهیم که وضع مالی بهتری داشته باشیم. وانگهی، ثروت حقّ طبیعی ماست. راهِ به دست آوردنش نیز این است که: **هرگز از بی پولی و تنگدستی سخن نگویید.** در عوض، به‌وفور غنی جهانی و کیهانی بیندیشید که همه‌جا هست و همه‌جا یافت می‌شود. آنگاه بیاموزید که رها کنید؛ دست بکشید؛ هدیه بدهید؛ به‌این‌ترتیب برای چیزهایی که دعا کرده‌اید یا آرزومندشان هستید جا بازکنید. هنگامی که اندیشه‌ها و آرمان‌ها و گرایش‌ها و اشیاءِ و مایملک کهنه را به دور می‌ریزید یا از فضای زندگی خود دور می‌کنید و به‌جای آن اندیشه‌ها و آرمان‌های تازه‌ی توانگری و توفیق و پیشرفت‌های نو را می نشانید، شرایط شما روزبه‌روز بهتر می‌شود. همواره خواستار چیزی بهتر هستید.

این لازمه‌ی پیشرفت است. همان‌گونه که لباس بچه‌ها برایشان کوچک می‌شود، شما نیز هنگامی که افقهای زندگیتان را می‌گسترانید، می‌بینید که

آرمان‌های پیشین برایتان کوچک شده‌اند.

بسیاری از مردم از راه‌های بیرونی برای ثروتمند شدن می‌کوشند، اما به هدف نمی‌رسند زیرا می‌ترسند تکلیف خودشان را با اندیشه‌هایشان روشن کنند و به آرزوهایی قطعی و معین برسند. می‌خواهند زندگی بهتر و پول بیشتر داشته باشند، اما به روشنی نمی‌دانند **چگونه** می‌خواهند بهتر زندگی کنند **و به چه مقدار پول بیشتر نیاز دارند.**

بسیاری از مردم از قطعی بودن می‌هراسند. فکر می‌کنند مبادا برای خدا تکلیف تعیین کرده باشند. «هرگاه آرزویی درست و نیرومند به سراغتان می‌آید، دست خداست که درِ ذهنتان را می‌کوبد و می‌خواهد موهبتی عظیم‌تر به شما عطا کند.» اگر آن آرزوها را سرکوب کنید و نگذارید از راهی سازنده بیان و عیان شوند، معمولاً به بیراهه می‌روند و به طرزی مخرّب یا به‌صورت گرایش‌های عصبی و فشارها و هراس‌ها و اعتیادها و بیماری‌های روانی و عدم تعادل‌های جنسی یا سایر اعمال منفی بروز می‌کنند.

وعده‌ی خدا این است:

«بخوانید مرا تا اجابت کنم شما را»

فکر کردن به آرزوهای خویشتن، بیان سازنده‌ی آن‌ها از طریق نوشتن، تعیین زمان دلخواه برای برآورده شدن آن‌ها و دعا برای اینکه لطف خدا شامل حال آن آرزوها شود، دارای اقتداری اعجاب‌آور است. چه بسا ساده لوحانه بنماید، اما معمولاً حقیقت‌های بزرگ و اسرار قدرتمند ساده‌اند. آنقدر ساده که انسان عادی با کوشش برای یافتن راهی دشوارتر، آن را نادیده می‌انگارد.

خواست و مشیّت خداوند مهربان این است که در همه‌ی زمینه‌ها صاحب عالی‌تر از عالی باشید. «زیرا ملکوت خدا در دست توست.» اما اگر یاری

خدا را می‌طلبید تا این ملکوت را تجربه کنید، کمترین کاری که از دستتان برمی آید این است که با او و خودتان صادق باشید. اگرنه، راه برهر گونه توفیقی می‌بندید.

یکی دیگر از فنونی که به ویژه برای پرداخت قبض‌ها و صورتحساب‌ها سودمند است، این است که به‌جای اینکه در دل نسبت به آن‌ها احساس نفرت و انزجار کنید روی پاکتشان بنویسید: «سپاس گزارم که خدمات خود را در اختیار ما گذاشتید.»

چون آرزومند موهبت‌هایی عظیم‌تر هستید، باید تصاویر ذهنی آن‌ها را در اندیشه‌ی خود ایجاد کنید. شاید استدلال بگوید این محال است، کوچک‌ترین اهمیتی ندهید. شاید قدرت اراده‌تان بگوید این رؤیا بزرگتر از آن است که به وقوع پیوندد. اگر دلاورانه به تخیل خود بچسبید، آرزویتان را متجلّی خواهد کرد. با ادامه‌ی این تمرین، همکاری قدرت اراده را نیز به دست خواهید آورد. امید و انتظار هر آنچه را به ذهنتان بیاموزید، برایتان خواهد آفرید و جلوه‌گر خواهد ساخت.

درواقع، همواره به استفاده از قدرت تخیّل خود سرگرمید؛ اما شاید برای تصویر تنگدستی و ناکامی و همه‌ی چیزهایی که نمی‌خواهید در زندگی داشته باشید، از آن استفاده می‌کردید. هرگاه در گوشه‌ی خلوت خود آرام می‌نشینید، کیف پول و دفترچه‌ی چک خود را به دست بگیرید و چشمانتان را ببندید و مجسم کنید که کیف پولتان از اسکناس‌هایی با ارقام درشت باد کرده است. دفترچه‌ی حساب پس اندازتان را با ارقامی بسیار بزرگ ببینید. از تخیل خود سود بجویید. قدرت **تخیل و تخیل**... در خیال خویش، همه‌ی نیکویی‌ها و موهبت‌هایی را که خواهان تجربه‌شان هستید؛ ببینید.

عبارات تأکیدی

این روزها مدام درباره‌ی «عبارات تأکیدی» می‌شنویم که خود، نوعی فرمان است. بسیاری به اثبات رسانده‌اند که تمرین روزانه‌ی «عبارات تأکیدی» خواه به صدای بلند و خواه آرام در دل، آسان‌ترین راه بیدارکردن قانون فرمان برای دستیابی به آرزوهاست... به‌راستی که استفاده از «عبارات تأکیدی» برای ایجاد آنچه می‌خواهید این‌قدر ساده است که بسیاری از مردم نمی‌توانند به آن اعتماد کنند و به دنبال راهی پیچیده‌تر می‌گردند.

وقتی با بیان «عبارات تأکیدی» موهبت دلخواهتان را به تأکید می‌طلبید و درباره‌ی آنچه نمی‌خواهید گفتگو نمی‌کنید، فرایندی تازه را در ذهنتان به کار می‌دارید تا به تأکید در فضاهای بیشتری گسترش یابد و در سطح مادی، موهبت دلخواهتان را متجلی کند. هرچه بیشتر موهبت دلخواهتان را به تأکید برزبان بیاورید، با شتابی هرچه تمام‌تر شاهد ثمره‌ی آن می‌شوید.

هرگز نفوذ کلام را دست کم نگیرید. کلامتان جهانتان را می‌سازد.

صدها عبارت تأکیدی هست که می‌توانید با استفاده از آن‌ها به موهبت دلخواهتان فرمان تجلی بدهید. نباید در استفاده از آن‌ها تردید کنید. مثلاً اگر درآمدتان کافی نیست یا کیف پولتان خالی می‌نماید، آن را میان دو دست خود بگیرید و در گوشه‌ی خلوت خود، چندین بار به صدای بلند بگویید: «من برایت برکت می‌طلبم و هم‌اکنون تو را برای ثروت‌های خدا که در تو و از تو به من می‌رسد سپاسگزاری می‌کنم».

ما در سایت خود کاملترین عبارات تأکیدی را هم به‌صورت صوتی و هم pdf آماده کرده‌ایم. به سایت ما مراجعه کنید و تهیه کنید و هرروز گوش دهید.

آدرس سایت www.moghadasii.com

وقتی با لذت غذا می‌خورید، برای خوراک و سفره‌ی خود برکت بطلبید و از آن‌ها قدردانی کنید. وقتی لباس می‌پوشید، با سپاس و شادمانی لباس خود را به تن کنید.

شاید مرا در تأکید براستفاده از عبارت تأکیدی افراطی بدانند. چون می‌توان در هر گوشه از خانه‌ام عبارتی تأکیدی یافت که با چسب به اشیاءِ منزل چسبانده‌ام. من قدرت این عبارات را می‌دانم.

عبارت تأکیدی مربوط به تندرستی و جوانی و زیبایی را به آینه‌ام چسبانده‌ام. عبارت تأکیدی که به ظرف نان چسبانده‌ام چنین است: «از نعمت‌های خدا که پیوسته در زندگیم متجلی می‌شود شکر گزارم. از برکت بیکران خدا که اینجا و اکنون، بیش از اندازه‌ی مورد نیازم جلوه‌گر می‌شود سپاس گزارم.» برای پیشگیری از کسانی که بی جهت در زندگیم هستند این عبارت را گذاشته‌ام که: «اکنون نظم الهی برقرار در زندگیم بر قرار است».

آغاز روز با تکرار آن عبارات تأکیدی که به شما کمک می‌کنند تا همه‌ی روز خود را در مشتتان بگیرید، بسیار نیکوست. من این عبارت را پیشنهاد می‌کنم: «با حمد و ثنا، ثروت‌های بیکران خدا را پیشاپیش خود می‌فرستم تا در این روز هدایت و حمایت و پشتیبانی خداوند را داشته باشم. هرآنچه نیازمندم هم‌اکنون مهّیا می‌شود.»

آگاهی از اقتدار افکار ثروت ساز، به تنهایی کاری از پیش نمی‌برد. باید به آن عمل کرد. تکرار روزانه‌ی عبارات تأکیدی به صدای بلند، بخشی از این برنامه است.

چه نیکوست اگر به‌جای قانون ندارم، از قانون دارم استفاده شود. اغلب وقتی

مردم به انتقاد و ملامت و تحقیر دیگران می‌پردازند نمی‌دانند که طبق قانون کنش ذهن، به دعوت همان ویژگی‌ها رفته‌اند و همان‌ها را به زندگی خود فرا می‌خوانند. هرگز وقت خود را - خواه درباره‌ی خودتان و خواه دیگران - با اندیشه‌ی کاهش تلف نکنید. یقین بدارید آنچه از خود بیرون می‌فرستید چند برابر به خودتان بازمی‌گردد و همان‌گونه تجربه‌ها را در زندگیتان پدید می‌آورد.

برای خودتان نیز سرشار از اندیشه‌ی افزایش باشید. احساس کنید که روزبه‌روز موفق‌تر می‌شوید و به دیگران نیز کمک می‌کنید تا موفق‌تر شوند. هر عمل و لحن گفتار و هر نگاه شما باید نمایانگر یقین آرام و غنی شما از کامیابی باشد. هرگاه عالم ذهنیتان سرشار از استغناء باشد، دیگر لزومی ندارد به توسط کلام، دیگران را از کامیابی خود مطمئن کنید؛ زیرا کامیابی از وجودتان ساطع می‌شود و همه ناخودآگاه آن را احساس می‌کنند. مشتاقانه می‌خواهند با شما وارد معامله و مجالست شوند، زیرا احساس استغناء و کامیابی و توانگری که از وجودتان می‌تراود، آن‌ها را به‌سوی خود جذب می‌کند.

کافی است احساس دولتمندی و کامیابی و استغناء را در خود ایجاد کنید تا مردمانی صاحب اندیشه توانگر که تاکنون ندیده بودید مشتری و مراجع و همکار و دوست شما شوند. مردم به‌طور ناخودآگاه به‌جایی می‌روند که سرشار از فضای افزایش باشد. کسب و کارهایی که به‌سرعت گسترش می‌یابند و برکت‌های بیکران به ارمغان می‌آورند از این دسته‌اند. وقتی در ذهنتان به دیگران اندیشه‌ی افزایش عطا می‌کنید و در ژرفای آرامش و سکون به این تجسّم سرگرم می‌شوید، دیگران به‌سوی شما کشیده می‌شوند و بی‌درنگ توانگرتان می‌کنند.

دل و جرأت به خرج بدهید و از هر راهی که به نظرتان می‌رسد قانون افزایش را خواه در مقیاس وسیع و خواه در مقیاس کوچک بیدار کنید.

جوهر معنوی که همه‌ی ثروت‌ها از آن می‌آید هیچگاه تمام نمی‌شود. همواره با شماست و به ایمان و تمنّا و انتظارتان پاسخ مثبت می‌دهد. سخنان جاهلانه‌ی ما درباره‌ی اوضاع دشوار بر آن اثر نمی‌گذارد، اگرچه بر خودمان اثر می‌نهد، زیرا قدرت به تجلی درآوردن ما زیر نفوذ اندیشه‌ها و کلاممان است. سرچشمه‌ی بیکران همواره آماده‌ی بخشیدن است. کلام زنده‌ی ایمانتان را به همه جا، فرا افکنید تا حتی اگر همه‌ی بانک‌های دنیا بسته باشند دولتمند شوید. انرژی عظیم ذهنتان را به‌سوی «فراوانی» بازگردانید تا علی رغم هرچه اطرافیانتان بگویند یا بکنند، توانگری به‌وفور در اختیارتان باشد.

با تمرکز اندیشه‌ها و احساس‌ها و روابط و فعالیت‌هایتان بر ثروت و نه بر شکست یا تنگدستی، جوهر هستی‌تان را ذخیره و به‌درستی استفاده کنید. بگذارید اندیشه و گفتارتان غرق در توانگری باشد. منتظر ثروت باشید. مدام به یاد خود بیاورید که اندیشه‌ها و کلام و آرزوهای پراکنده و کاهلانه، ثمراتی پراکنده و کاهلانه و آکنده از تنگدستی به بار می‌آورد. تصاویر ذهنیِ توانگری خود را بر ستاره‌ی غنی کامیابی متمرکز کنید و همانجا نگاه‌دارید.

اگر به هنگام تلاش برای جذب ثروت وسوسه‌ی دلسردی به سراغتان آمد، به خاطر آورید که طبق اعتقاد قبلی‌تان، آسان و بی فایده است؛ اما ظاهر مخالف امور را نادیده گرفتن و توانگرانه اندیشیدن ارزشمند است، زیرا ثمراتی غنی به ارمغان می‌آورد.

بیاموزید هرگز دلسرد نشوید. اگر امور معینی درست سرِ موقعی که شما انتظارش را داشتید یا به گونه یی که شما می‌خواستید پیش نیامد، آن را شکست نخوانید. علت اینکه آن را نستانده‌اید این است که چیزی بسیار بهتر

در راه است و به وقت درست پدیدار خواهد شد. وقتی احساس می‌کنید شکست خورده‌اید، به یادتان بیاورید که علتش این بوده که آرزویتان آنقدر که باید بزرگ نبوده است. بر عظمت دیدگاه و آرزویتان بیفزایید تا شاهد پاسخی شوید که در تصورتان نیز نمی‌گنجد. شکست همان موفقیتی است که می‌کوشد در مقیاسی وسیع‌تر به سراغتان بیاید. بیشترِ شکست‌های ظاهری، پی ریزیِ راهی به‌سوی پیروزی است!

خودتان را از شرّ حقارتِ حسرت به کامیابی دیگران برهانید و مدام به صدای بلند یا خاموش بگویید: «من به ثروت دیگران حسرت نمی‌خورم. به خدا رو می‌کنم. هدایت او را می‌جویم و ثروتمند می‌شوم. در این کائنات، کامیابی و ثروت بیکران برای همه هست.»

قاعده‌ی طلایی ثروت این است که هرگز نباید در مورد امور مالی دیگری چیزی بگویید یا بیندیشید که برای خودتان نمی‌خواهید.

این عبارت تأکیدی را نیز مدام تکرار کنید که: «همه‌ی درها گشوده‌اند تا همه‌ی ثروت‌ها به‌سوی من سرازیر شود. همه‌ی راه‌ها باز و آزادند تا وفور بیکران هم‌اکنون آغوشم را پُر کند.» آنگاه شادمانه منتظرش باشید و بگذارید به سویتان بیاید!

نکته‌ی دیگر درباره‌ی پول این است که: از دعا کردن برای پول یا اوضاع مالی بهتر نهراسید.

اگر نیازی مالی دارید، در کمال دل و جرأت برای نیاز مالی ویژه‌تان دعا کنید و از خدای مهربانتان کمک بخواهید تا نیازتان را به‌طور کامل در منتهای شکوهمندی برآورد.

تا لحظه‌ایی که درون دگرگون نشده باشد، نمی‌توانید شاهد دگرگونی‌های

برون باشید؛ زیرا فرایندهای درونی ذهن، همه‌ی تجربه‌های برونی زندگیمان را کنترل می‌کند. اگر در میان شکست و مشکلات مالی یا بیقراری و نارضایی از کارتان گیر کرده‌اید، لازم نیست هیچ یک از این اوضاع شما را از وجد ا ندیشیدن به ثروت و تمهید و تدبیر برای وفور نعمت و تصاویر ذهنی برای کامیابی افزون‌تر بازدارد. اگر برای برآورده شدن آرزوهایتان، گام به گام از **خِرد لایتناهی** هدایت بطلبید، هیچ چیز نمی‌تواند مانع پیشرویی ذهنی شما به‌سوی هدفتان شود.

جرأت کنید که معماری ذهنتان باشید و بی‌درنگ به بنای تصاویر موهبت‌های عظیم‌تر بپردازید. در کمال شهامت، به هنگام انجام امور روزانه، از تصاویر موهبت‌های عظیم‌تر خود به وجد درآیید. دلاورانه ثروت نامحدود خویش را بطلبید و به چشم ببینید. اهمیت ندارد که در این لحظه برشما یا پیرامونتان چه می‌گذرد. به تأکید بگویید: «خدایا، این یا موهبتی بهتر! با اراده‌ی نیکو و متعال **تو** انجام پذیرد.»

آنگاه به یاد آورید که با جنگیدن نمی‌توانید وضع ناخوشایند کارتان را بهتر کنید. با ملامت دیگران یا آن‌ها را مسؤول دلسردی‌ها و شکست‌های خود پنداشتن نیز اوضاع بهتر نمی‌شود. در برابر شرایط کنونی مقاومت نکنید و بدانید که پیشاپیش دگرگونی به‌سوی بهبودی آغاز شده است. هرگاه احساس کردید همه چیز متوقف شده است و حرکتی نمی‌کند، به یاد آورید که کل کائنات مدام در گردش است و ما نیز در حال زیستن و تحرکیم و وجودمان می‌چرخد، حتی اگر با حواس پنجگانه‌ی خود نتوانیم آن را احساس کنیم. هیچ چیز از حرکت بازنمی‌ایستد. علی رغم ظاهر امر، همه چیز مدام در حال دگرگونی است. اگر منتظر تغییرات بهتر باشید، حتماً تغییرات بهتر به سراغتان خواهد آمد.

تا می‌توانید خودتان را در فضای ثروت و وفور نعمت قرار دهید و وقتتان را در کنار اشخاص موفق بگذرانید. هنگامی که می‌کوشید خود را مجاب کنید که ثروت عظیم‌تری می‌تواند از آنِ شما باشد، اما در این لحظه نشانه‌یی از آن نمی‌بینید، موقع آن است که به بانک‌های شهرتان گام بگذارید و اشخاصی موفقی را که پولی فراوان در دست دارند ببینید. اکنون وقت آن است که به دیدن محیط‌های زیبا و خیال انگیز و ساختمان‌ها نو و با شکوه و مغازه‌های دلپذیر و دوست‌داشتنی بروید. به محله‌های ثروتمند شهرتان بروید یا به ییلاق‌هایی بسیار زیبا و شکوهمند، آنجا که ثروت‌های خدا و انسان مشاهده می‌شود.

دل و جرأت به خرج بدهید تا ازهمه‌ی کسانی که در اندیشه‌ی فقر فرو فته اند متفاوت باشید: مثل آن‌ها فکر نکنید، مثل آن‌ها عمل نکنید، مثل آن‌ها واکنش نشان ندهید؛ مگر اینکه بخواهید مثل آن‌ها پایین نردبان باقی بمانید. آن بالا بالاها، برای همه‌ی کسانی که شهامت آزاد کردن خود را از اندیشه‌های معمول پرخاشگر و ستیزه جو و حسدها و حقارت‌ها و انتقادها که میان بسیاری از مردم مرسوم است دارند، به اندازه‌ی کافی جا هست.

مهم نیست دیگران چه می‌کنند، شما برای آن‌ها برکت و حمایت و سعادت بطلبید و گرایش‌های سازنده و ارزشمندتان را نثارشان کنید.

شاید به این دلیل تاکنون موفق نشده‌اید که احساس می‌کنید باید به تنهایی کارها را به انجام برسانید. از این رو، شکست را آسان‌تر از موفقیت می‌یابید. اخیراً وقتی ازکسی راز موفقیت او را پرسیدم، گفت:

خدا را در زندگی‌تان شریک کنید. تا ببینید با شما چه می‌کند.

تا اینکه یک روز تصمیم گرفتم با خدا شریک شوم. هدایت او را در امور مالی‌ام هر روز بر توانگریم می‌افزاید. روزم را با طلبِ هدایت روشن و

مشخص درباره‌ی یکایک پروژه‌ها و طرح‌ها آغاز می‌کنم و به پایان می‌رسانم. درباره‌ی شیوه‌ی برآوردن آرزوها و خواسته‌هایم نیز هدایت روشن و مشخص می‌طلبم. هدایت نیز همواره از راه می‌رسد.

اخیراً یکی از من پرسید: «راستی چطور می‌توانی از پسِ این همه انتظارات و توقعات و خواسته‌ها برآیی؟» وقتی به او گفتم: «بسیار ساده است. خدا مونس و همدم و شریک من است و همه‌ی مشکلات و فشارها و تصمیمات دشوار را به او می‌سپرم.» با تعجب از من پرسید: «آیا واقعاً ممکن است؟ یعنی به‌راستی می‌توان امور مالی بزرگ را به دست خدا سپرد؟» جواب دادم: «ببین! اگر تو نتوانی به خدا که عالم مطلق و قادر مطلق است و اداره‌ی تمامی این کائنات غنی به عهده‌ی اوست اعتماد کنی، پس به چه کس می‌توانی اعتماد داشته باشی؟»

به‌راستی که خدا آنجا که به عقل بشر نمی‌رسد دری می‌گشاید.

یکی از بهترین راه‌ها برای آغاز پرورش و انتظار استقلال مالی و تجربه‌های خوشایند آن، مقیاس روزبه‌روز یا هفتگی یا ماهانه است. برای ذهن، آفرینش ثمرات فوری و کوتاه مدت آسان‌تر است. مثلاً روزتان را - حتی پیش از برخاستن از بستر - با طلب فراوانی و توانگری برای همان روز آغاز کنید. بگذارید روزتان با اندیشه‌ی توانگر آغاز شود و به پایان برسد. وقتی از خواب بیدار می‌شوید و از نظر عاطفی خودتان را برای آن روز تازه آماده می‌کنید، یا وقتی قهوه یا چای صبحانه‌تان را می‌نوشید، چند بار بنویسید یا به صدای بلند یا خاموش در دلتان به تأکید بگویید: «هر روز از هر جهت، در زندگی و امورم منتظر معجزه‌های خداوند هستم. به ویژه امروز منتظر نعمات فراوانم و برای همه‌ی این موهبت‌ها سپاس می‌گزارم.»

دعا

دعا همه‌چیز را عوض می‌کند. دعا سبب می‌شود روال امور وارونه شود و به راه دلخواه بیفتد. ابداً فرقی نمی‌کند که در چه مشکلی گیر کرده‌اید یا علت مشکلتان چه بوده است. دعای کافی شما را از مشکلتان بیرون می‌آورد، تنها اگر در دعا به درگاه خدا مصرّ باشید.

یقین بدارید که خدا همواره با شما و درون شما و کنار شماست و دعاهایتان را می‌شنود. خواه مشکلتان این باشد که پسرتان سرفه می‌کند، خواه نازا باشید و از خدا بچه بخواهید و خواه کینه و عداوتی کهنه زخمی دلخراش به جانتان افکنده باشد، به دعا پناه ببرید که هرچه تلخی را می‌زداید و صلح و صفا و آرامش می‌آورد.

وقتی برای دعا کردن، از دنیا کناره می‌گیرید بهتر است که به شکست‌هایتان فکر نکنید... درعوض، آرام شوید و توجهتان را به خدا و رحمت متعال او معطوف کنید. در صورت امکان بگذارید همه‌ی دل نگرانی‌های کوچک پیِ کارِ خود بروند و اندیشه‌تان را بر گفتگو با خدا متمرکز کنید. در ذهنتان اندیشه‌هایی را نگاه‌دارید که به شما کمک می‌کنند. اندیشه‌هایی بسیار ساده، از این دست: «خدایا دوستت دارم.» یا «خدایا، تو را سپاس می‌گزارم.» یا «خدایا در حضور تو هستم.» یا من شکر گزار نعمت‌های او هستم.

وقتی حضور خدا را از راهی چنین ساده احساس کردید، همه‌ی فشارهای جسمانی شما آرام می‌شوند. ترس و هیجان و اضطراب‌های کوچک زندگی روزمره کاهش می‌یابد.

این حقیقت را که با اعتمادبه‌نفس به دنیا می‌آییم می‌توانید در کنش و واکنش بیشتر کودکان مشاهده کنید. آموزگاری را می‌شناسم که پیش از آغاز

کلاسش، به صدای بلند با شاگردانش تکرار می‌کند: «خدا دوستم دارد. خدا در من زندگی می‌کند. دم و بازدم من نفس خداست. من فرزند خدا هستم و خدا فرزندش را دوست دارد. خدا همیشه به من کمک می‌کند!» تماشای شکوفایی شهامت و اعتمادبه‌نفس در شاگردانش که بازتاب تلاش اوست زیباست.

اما چرا باید به اعتقادات راسخ و ژرفتان ایمان و اعتمادی محکم داشته باشید؟ دانشمندان می‌گویند که انسان سرشار از هوشی ذاتی است. هر ذره از هستی‌تان سرشار از شعوری خلاق است. هوایی که به سینه فرو می‌دهید و جهانی که در آن زندگی می‌کنید سرشار از عشق الهی است که می‌خواهد همه‌ی آرزوهای درستتان را برآورد و همه‌ی دانش‌ها را در اختیارتان بگذارد. اگر لبریز از ایمان، با این دانایی تماس حاصل کنید، همین دانایی برایتان معجزه‌ها و شگفتی‌ها می‌آفرینند.

اگر از قدرت کلام بی خبرید بدانید که یک عبارت زیبای مثبت بیش از هزار فکر منفی قدرت دارد؛ و دو عبارت زیبای بیش از ده هزار اندیشه‌ی منفی.

از این رو، هرگاه فکر ناامیدی و دلسردی و تردید و ترس از شکست خواست برشما غلبه کند، به تأکید هر روز بگویید: «قدرتم از خداست. نیرومندم به قوّت متعال او. همه‌ی قدرت‌ها برای کسب موهبت‌های والای ذهن و تن و امورم به من عطا شده است. هم‌اکنون همه‌ی این قدرت‌ها را به‌سوی خود می‌خوانم و تجربه‌شان می‌کنم.»

یکی از بهترین عباراتی که می‌توان شب پیش از خواب تکرار کرد این است: «من به خواب می‌روم اما خدایی که درمن است بیدار می‌ماند تا مسئله ام را با نظم الهی حل کند و مرا به کامیابی و شادمانی و توانگری برساند.»

یکی دیگر از بهترین عبارات تأکیدی برای ایجاد اطمینان و اعتمادبه‌نفس این

است: «خدا دوستم دارد. خدا هدایتم می‌کند. خدا راه را نشانم می‌دهد.»

شاید هرگز پی نبرید که تشویق و تحسین و تمجید شما چه اثری می‌تواند در زندگی دیگری داشته باشد؛ یا قدردانی و کلام محبت‌آمیزتان چه شگفتی‌هایی در زندگی دیگری بیافریند. شگفت اینجاست که کلام مهرآمیزتان هزار برابر به‌سوی خودتان بازمی‌گردد؛ زیرا هرآنچه از خود صادر کنید چند برابر به خودتان برمی‌گردد.

یکی از مؤثرترین راه‌های ایجاد اعتمادبه‌نفس، دعای روزانه است. من نیز به این امر معتقدم. بگذارید خدا مهربان را در درونتان احساس کنید و به ایمان و اقتداری عظیم دست یابید. یقین دارم اکنون از شور و شوق و اعتمادبه‌نفس سرشارید.

انسانی که فکر می‌کند، می‌تواند موفق می‌شود. همواره قدم خیر پیش بگذارید. هر کاری که از دستتان برمی‌آید بکنید تا ظاهر و باطنتان سرشار از اعتمادبه‌نفس باشد. همیشه قیافه‌ی انسان‌های مطمئن و موفق را داشته باشید. آنگاه اندیشه‌های خودتان و دیگران جمع می‌شود و در مسیر ثمرات دلخواه و کامیابی بخش حرکت می‌کند.

مراقب افکاری که شما را از مبدأتان دور می‌کند باشید. هنگامی که افکاری پیرامون قضاوت کردن و یا محروم ساختن شخصی از موقعیتی خاص را در سر می‌پرورانید، به خود واژه‌ی اشرف مخلوقات را یادآوری کنید. سپس، بکوشید تا افکار مثبت را جایگزین افکار منفی کنید.

تلاش کنید تا در زندگی بر موضوعات و اموری تمرکز کنید که الهی بودن شما را متجلی می‌کنند؛ زیرا شما صرف‌نظر از قضاوت دیگران، یک آفریده‌ی شگفت خداوند، یک نابغه و صاحب خالقی عظیم هستید.

آگاه باشید که همه‌چیز و همه‌کس سرشار از حضور خداوند است؛ بنابراین مراقب نیروی الهی در همه مخلوقات باشید. یقین بدارید که خواهید دید چگونه این نیرو به‌گونه‌ای پنهان برای ما رحمت را به ارمغان خواهد آورد.

مبدأ ما همانا خداوند مهربان است و به آن منبع لایزال فرصت داده‌ایم که بدون دخالت ما همواره در زندگی‌مان ساری و جاری باشد.

هنگامی که شما به واسطه‌ی اهداف بزرگی که در سر پرورانده‌اید، به دیگران الهام می‌بخشید، افکار شما موانعی که سد راهش هستند را در هم می‌شکند. ذهن محدودیت‌ها را کنار می‌نهد و دانش در هر سو گسترانیده می‌شود. آنگاه خود را در دنیایی جدید، بزرگ و شگفت آور خواهید یافت. توانایی‌ها، استعدادها و قدرت‌های خفته بیدار می‌شوند و شما خودتان را بزرگتر از آنچه همیشه می‌پنداشتید، خواهید یافت.

هریک از خواسته‌های ما دارای ارتعاش ویژه‌ی خود است. هنگامی که آن خواسته‌ها را در قالب افکار مثبت ذهنمان می‌پرورانیم، با ارتعاشات انرژی معادل آن در دنیای روحانی هم نوا می‌شویم: «می‌خواهم موفق باشم، می‌خواهم سالم باشم، می‌خواهم روابط آرام را تجربه کنم، می‌خواهم احساس خوبی پیرامون زندگی داشته باشم و...»

انرژی افکار ما، همانا تعیین کننده‌ی سطح روحانیت زندگی ما است؛ بنابراین وجود هر گونه شک و تردید در مورد توانایی‌مان در رسیدن به هدف، به سبب ارتعاشات ویژه‌ی هر خواسته، سببِ از نظم خارج شدن آن ارتعاشات خواهد شد. هنگامی که این اتفاق روی داد، به‌طور خودکار موانع به ذهن ما جاری می‌شوند. پس آیا بهتر نیست که افکاری را در ذهن بپرورانیم که عظمت توانایی ما در درک شهود باطنی‌مان را آشکار سازند؟ افکاری که مانع از آشکار شدن توانایی‌هایتان برشما می‌شود را به‌طور دقیق

ارزیابی و شناسایی کنید. حتی ممکن است به ظاهر ناچیزترین آن‌ها، شایستگی شما را در تجربه‌ی یک زندگی الهی زیر سؤال ببرد؛ و بدین ترتیب با انرژی منفی که از خود ساطع می‌کنند، مانع از عینیت یافتن آرزوهایمان شوند.

این اندیشه که «من یقین دارم که هیچ گاه به خواسته‌ام نمی‌رسم، زیرا مطمئنم که آن قدر خوش‌شانس نیستم» را با این نگرش جایگزین کنید که می‌گوید «همواره در پی یافتن ردپای انرژی خواهم بود که با ارتعاشات انرژی خواسته‌ی من در هم نوایی کامل باشد». مراقب افکاری باشید که از روی عادت به نهان خانه‌ی اندیشه‌های شما سرک می‌کشند و مانع از عینیت یافتن آرزوها و خواسته‌هایتان می‌شوند.

برداشتن گام‌های کوچک، اندک اندک شما را با ارتعاشات خواسته‌هایتان و آنچه مشتاقانه خواهانید، یکی می‌کند؛ بنابراین اگر مایلید با طبیعت هم گام شوید، طرحی نو دراندازید تا به واسطه آن بتوانید در آیینه‌ی دل، رویاهایتان را شفاف ببینید و با گام‌های کوچک اما استوار به‌سوی آن رهسپار شوید.

اگر تصور می‌کنید که نمی‌توانید و یا نمی‌خواهید که این کار را انجام دهید و یا اگر احساس می‌کنید که هنوز آمادگی پذیرش آن‌ها را ندارید، به شما توصیه می‌کنم که کتاب‌هایی را تهیه کنید که بتوانند شما را در درک مسائل کمک کنند؛ اما همواره از ارتعاشات انرژی پندار و کردار خود که به واسطه‌ی آن‌ها با خداوند ارتباط برقرار می‌کنید، آگاه باشید.

یکی از مؤثرترین راه‌های برقراری ارتباطی صمیمانه با اطرافیان این است که در کلامتان کمتر از ضمیر من استفاده کنید. «خودتان را ساکت کنید». هنگامی که در میان صحبت کردن فردی، می‌خواهید حرفش را قطع کنید، سعی کنید ساکت بمانید. عبارت ساکت باش را بر بوم ذهنتان نقش کرده و

در آن لحظات به خودتان یاد آور شوید که گوش کردن، الهام بخش تر از نصیحت کردن و خودستایی است.

از هر فرصتی برای تمرین سخاوت و بخشندگی استفاده کنید. برنامه‌ریزی کنید که هر روز به فردی، بخصوص غریبه‌ها یاری و کمکی برسانید. من به شما قول می‌دهم که اگر چنین کنید، در لحظات بخشش، زیباترین احساس زندگی‌تان را تجربه خواهید کرد. هرچه بیشتر سخاوتمند باشید، الهام فزون‌تری نیز به دیگران خواهید بخشید. به اطرافیان خود با سخن و نیز عمل نشان دهید که مشتاقید وقت و پولتان را با آن‌ها سهیم باشید و یقین بدارید که با این کار از منظر آنان به فردی الهام بخش بدل خواهید شد. همه‌ی انسان‌ها از دیدن فردی که وقت و پولش را به دیگران می‌بخشد، الهام می‌گیرند.

پیش از آغاز روز، چنددقیقه‌ای را به راز و نیاز با خداوند اختصاص دهید. هنگامی که بیدار می‌شوید، به خودتان بگویید که «الان نوبت من است که با خدایم گفت و گو کنم». در این لحظات پر شکوه هرچه را می‌خواهید از خدا بخواهید، خدا را در قلب خود احساس کنید، به عظمت و بزرگی‌اش بیندیشید و از همه مهم‌تر اینکه او را شکر گزار باشید. من معمولاً در پایان راز و نیازم با خدا می‌گویم: «پروردگارا از تو متشکرم، متشکرم، متشکرم!» و چه اتفاقی می‌افتاد اگر به شما می‌گفتند تجربه‌های زندگی‌تان، در اصل نتیجه‌ی افکار غالبتان است و ذات افکاری که به مدت کافی روی آن‌ها متمرکز می‌شوید، به واقعیت تبدیل می‌شود؟ عبارت‌هایی در راستای این افکار، مواردی از این قبیل است: «آنچه می‌ترسیدم، سرم آمد» یا «همان طور که فکر می‌کردی، اتفاق می‌افتاد»، «کبوتر با کبوتر، باز با باز» و «هرچه بکارید، همان را برداشت می‌کنید».

فرکانس

هنگامی که شما روزبه‌روز و لحظه‌به‌لحظه، تجربه‌های زندگی‌تان را غربال می‌کنید، سلسله‌ای مداوم از فرکانس خواسته‌هایتان را به دنیای بیرون منعکس می‌کنید که آن‌ها را ارتعاش می‌نامیم. با هر ارتعاش، منبعی که درون شماست، از آن نشأت گرفته و هم چنان بُعد غیرمادی‌تان را تشکیل می‌دهد، به‌طور دقیق روی نسخه‌ی ارتقا یافته‌ی زندگی متمرکز و به آن تبدیل می‌شود و هنگامی که این فرایند بی‌پایان از زندگی شما ادامه می‌یابد و درباره‌ی خواسته‌های گفته شده یا ناگفته‌تان به نتایجی جدید و بهبود یافته دست می‌یابید، آن بخش وسیع‌تر غیرمادی‌تان نیز توسعه می‌یابد.

هرچه احساس بهتری داشته باشید، این فرکانس‌ها را بیشتر به هم پیوند می‌دهید و هرچه احساس بدتری داشته باشید، بیشتر در برابر آن مقاومت می‌کنید. هنگامی که عشق، شادی یا هر احساس مثبت دیگری را در درونتان حس می‌کنید، درواقع به لحظات ناب از زندگی‌تان دست می‌یابید. وقتی ترس، خشم، ناامیدی یا هر احساس منفی دیگری وجودتان را فرامی‌گیرد، بدان معناست که آنچه در آن لحظه به آن فکر می‌کنید، برخلاف میل و خواسته‌تان است و درواقع به خود اجازه نمی‌دهید به چیزی که ذاتتان به آن تبدیل شده، دست یابید.

با بهره گیری از حواس فیزیکی پنج گانه، محیطتان را درک می‌کنید و خواسته های جدید آرزو را سلسله وار می‌آفرینید. بخش غیرمادی شما که هم چنان به‌طور غیرمادی متمرکز است، خواسته‌ی جدیدتان را می‌بیند، روی آن تمرکز می‌کند. در تمام طول روز، تجربه‌ی زندگی مادی‌تان باعث می‌شود توسعه پیدا کنید و با هر برخوردی که با سایر افراد دارید، هر مطلبی که می‌خوانید،

هرچه می‌بینید و با تجربه‌هایی که به دست می‌آورید، خواسته‌های جدید را خلق می‌کنید و این روند را ادامه می‌دهید. وقتی کسی رفتاری بی ادبا نه با شما دارد، آرزو می‌کنید دیگران مهربان‌تر باشند. وقتی در موردتان دچار سوءتفاهم می‌شوند، دلتان می‌خواهد درکتان کنند.

زندگی باعث می‌شود همواره درحال توسعه باشید. به‌عبارت‌دیگر، استانداردها و برداشت‌هایتان به مرور تبدیل به شکل بهتری از شما می‌شود، زیرا بخش غیرجسمانی تان همواره در حال تبدیل شدن به خواسته‌ی شماست.

احساساتی که در هرلحظه از زندگی حس می‌کنید، نشان دهنده‌ی رابطه‌ی فرکانسی شما با خودتان است. احساساتتان به شما می‌گوید آیا فکری که در آن لحظه ذهنتان را مشغول کرده و فرکانسی که از آن حاصل می‌شود با فرکانس آنچه منبعتان پرورش داده است، مطابقت داردیا خیر.

هنگامی که انرژی‌ها باهم مطابقت دارند یا به هم نزدیک‌اند، احساس فوق‌العاده دارید. وقتی انرزی ها با هم مطابقت ندارند، احساس چندان خوبی ندارید؛ بنابراین، آگاهی از احساساتتان برای راهنمایی هر روزه شما لازم است. در کلامی ساده، شما باید راهی پیدا کنید تا با آنچه زندگی از شما می‌سازد همسو شوید و از زندگی شادی که برای تجربه‌ی آن به دنیا آمده‌اید، بهره ببرید.

هنگامی که فرکانس را تنظیم می‌کنید، هر اقدامی که به شما الهام می‌شود، احساس فوق‌العاده ای در شما ایجاد می‌کند. بدون تنظیم فرکانس، هر اقدامی که می‌کنید بسیار سخت خواهد بود.

با تنظیم فرکانس، هر تلاشی که می‌کنید به نتایج شگفت‌انگیز یا صرفه جویی در وقتتان منجر می‌شود. بدون تنظیم فرکانس، حاصل تلاشتان ناامید

کننده خواهد بود و در آخر فکر می‌کنید: «این درمورد من نتیجه نمی‌دهد.»

قانون جذب، قدرتمندترین قانون در هستی است که فرکانس تمام کائنات را مدیریت می‌کند؛ مرئی یا نامرئی، ملموس یا غیرملموس، الکترونیکی یا مادی، فیزیکی یا غیرفیزیکی. کائنات نه‌تنها تحت تأثیر قانون جذب است، بلکه قانون قدرتمند هستی، مدیریتش می‌کند. در بیان ساده، این قانون می‌گوید: «هر چیز، آنچه را که شبیه به ذاتش هست، به‌سوی خود جذب می‌کند.»

برای نمونه، وقتی به خودتان افتخار می‌کنید، احساسی که تجربه می‌کنید، نشان می‌دهد فرکانس افکار موجود درونتان با فرکانس افکاری که خودتان در آن لحظه در سر دارید، هم سان هستند. زمانی که احساس شرمندگی یا دستپاچگی می‌کنید، این احساسات نشان می‌دهد افکار کنونی‌تان، با تفکری که بُعد وسیع‌ترتان نسبت به شما دارد، بسیار متفاوت است.

باید به خود اجازه دهید به آن موجودی که زندگی باعث آن شده، تبدیل شوید تا احساس شادی کنید. اگر شادی را حس نمی‌کنید، درواقع به خودتان اجازه نمی‌دهید تا به آنچه زندگی برایتان رقم زده است، لذت ببرید.

اما اگر می‌توانستید به این مفهوم برسید که هر آنچه اطرافتان می‌بینید، ابتدا فرکانسی از اندیشه بوده است و سپس، آن تفکر شکل گرفته و درنهایت در قالب کنونی‌اش ظاهر شده است، نه‌تنها نسبت به چگونگی شکل گیری تجربه‌ی زندگی واقعی تصویر واضح‌تری به دست می‌آورید، بلکه جریانی را که منشأ تمام هستی است، حس می‌کردید.

ما مثال شما و قایق پارویی‌تان را در رودخانه دوست داریم، چون به بیهودگی پارو زدن در خلاف جهت جریان اشاره می‌کند.

درک این موضوع که به‌راحتی می‌توانید به خواسته‌تان برسید نیز خود به خود، شما را در جهت جریان موافق می‌اندازد و به محض آن که این موضوع را درک کردید، سلامت و رفاه طبیعی، بر شما جاری می‌شود و شما نیز به جریان می‌پیوندید. هنر این است که به خود اجازه دهید به آنچه زندگی باعث آن شده است، تبدیل شوید.

قانون جذب، کاری نیست که لازم باشد آن را اجرا کنید، زیرا در تک‌تک ذرات هستی وجود دارد. درست مانند قانون جاذبه که نیازی به اجرا ندارد، بلکه همیشه به شکل ثابتی به تمام امور جواب می‌دهد، قانون جذب نیزچنین است.

قانون جذب، به سادگی از هزاران راه مختلف براساس فرکانسی که می‌فرستید، پاسخی دقیق به‌سوی شما می‌فرستد. به اختصار باید گفت هر آنچه برایتان رخ می‌دهد، با فرکانس فعلی موجود درونتان کاملاً مطابقت دارد. احساساتی که درونتان حس می‌کنید بیانگر وضیعت فرکانسی موجود درونتان است.

راه بسیار ساده‌تری هم وجود دارد؛ یعنی درک و به کارگیری هنر پذیرش. در این روش، شما آگاهانه و به آرامی افکارتان را در جهت کلی خواسته‌هایتان هدایت و هنگامی که این جریان قدرتمند زندگی را درک می‌کنید و نسبت به تصویر بزرگ‌تری از کسی که واقعاً هستید، چشم اندازی به دست آورده و مهم‌تر از همه، قانع می‌شوید که باید با خود واقعی‌تان دوباره همسو شوید. در آن زمان است که پذیرش، ماهیت دیگری برایتان پیدا می‌کند.

تصور کنید در قایقتان دراز می‌کشید و حس می‌کنید خود به خود به سمت جریان آب می‌چرخید؛ سپس به این فکر می‌کنید که این جریان، شما را به‌سوی خوشبختی اجتناب‌ناپذیر و تحقق آرزوهایتان می‌برد.

اگر بپذیرید موجود یا همان منبع درونتان، اکنون با فرکانس تمام آنچه به آن تبدیل می‌شوید، همسو است و طبق قانون جذب، دور دست‌ترین خواسته‌ای را که فرا می‌خوانید به‌سوی خود جذب می‌کنید، آن گاه قدرت جریان را درک خواهید کرد.

هنگامی که مشخص کنید چه زمانی و چگونه اوضاع جسمی‌تان بهتر می‌شود، مانع بهبودی خود می‌شوید، زیرا پاسخ پرسش‌هایتان را نمی‌دانید و درنتیجه در فرکانستان، مقاومت به وجود می‌آورید. خلاصه اینکه، اگرچه نمی‌توانید بلافاصله وضعیت جسمانی‌تان را بهبود بخشید، می‌توانید احساستان را بهتر کنید و همین کافی است.

خلق کردن یعنی اجازه دهید و بپذیرید آنچه می‌خواهید، رخ دهد و بدانید که پذیرش از طریق همسویی انرژی رخ می‌دهد؛ نه از طریق عمل.

کاری که انجام می‌دهید، مهم نیست، بلکه فرکانستان مهم است. این عمل شما نیست که شما را متفاوت می‌کند، بلکه فرکانستان است. کاری که انجام می‌دهید، تفاوت ایجاد نمی‌کند، بلکه احساسی که نسبت به آن کار دارید، تفاوت ایجاد می‌کند.

کلید خلق خواسته‌هایتان، در یافتن راهی برای چرخاندن افکار در جهت رسیدن به احساس بهتر است. حتی اگر موقعیت فعلی، دل و دماغی برایتان نگذاشته است، باید از قدرت اراده‌تان کمک بگیرید و به‌جای عمل کردن در خلاف جهت جریان، افکارتان را در جهت خواسته‌تان و آنچه واقعاً هستید، متمرکز کنید.

به خاطر بسپارید که مجبور نیستید همه‌چیز را درست کنید. فقط ایده‌ای پیدا کنید که کمی احساس بهتری در شما ایجاد کند.

تمام این‌ها به همسویی فرکانس برمی‌گردد. به دنبال نتایج فیزیکی قابل اندازه گیری نباشید. در عوض، به دنبال بهبود روحیه، طرز فکر و احساساتتان باشید. هر وقت که احساس بهتری دارید، بیشتر همسو هستید. در این شرایط، بقیه‌ی موارد در پی آن می‌آید. این قانون است.

اما با نگاه به اطرافیان، موضوعات بی شماری می‌بینید که روی آن‌ها هیچ اختیاری ندارید. پس اگر یاد بگیرید افکارتان را در جهتی متمرکز کنید که با فرکانس ذاتتان هماهنگ باشد، در این صورت با خودتان هماهنگ می‌شوید و از بابت این هماهنگی، نه‌تنها احساس بهتری خواهید داشت، بلکه فرکانس قدرتمند و منسجمی می‌فرستید که قانون جذب به آن پاسخ می‌دهد. مهم نیست دیگران چه نیتی دارند، چراکه حتی اگر نسبت به شما سوء نیتی داشته باشند، نمی‌توانید برجریان قدرتمند هماهنگی که شما به آن دست‌یافته‌اید، غلبه کنند. هنگامی که با ذاتتان هماهنگ می‌شوید و همیشه در این وضعیت هستید، فقط آنچه از نظرتان خوب است را تجربه خواهید کرد.

برای کمک به دوستتان باید جنبه‌های مثبت او را ببینید و برای اینکه بتوانید جنبه‌های مثبت دوستتان را ببینید، باید با ذات واقعی‌تان هماهنگ شوید.

اگر مدتی از این احساس برای سنجش جهتتان استفاده و همواره تلاش کنید تا در راستای افکار آرامش بخش همسو با ذاتتان گام بردارید، در مدت بسیار کوتاهی، فرکانستان را طوری تنظیم می‌کنید که با آرزوهایتان همسو شود؛ سپس نه‌تنها به مرور از نظر مالی احساس امنیت بیشتری پیدا می‌کنید، بلکه تصویر مالی واقعی‌تان، کم‌کم آن تغییرات فرکانسی را منعکس می‌کند.

در آینده‌ی نه‌چندان دور، زمانی فرا خواهد رسید که پول آن قدر به‌وفور و راحت به سویتان سرازیر می‌شود که برایتان خنده دار می‌شود که آن همه مدت، آن را از خودتان دور نگه داشته بودید.

این قضیه را درک کنید که تا وقتی آن‌ها را دوست نداشته باشید، مانع هماهنگی فرکانس خود با ذاتتان می‌شوید، زیرا چه بخواهید و چه نخواهید، موجود درونتان آن‌ها را دوست دارد.

مردم اغلب فکر می‌کنند اگر شریک زندگی‌شان تغییر می‌کرد، حالشان خیلی بهتر می‌شد؛ اما ماجرا کاملاً وارونه است. وقتی می‌گویید: «اگر در رفتار یا شخصیتتان، این تغییر را ایجاد کنید، من احساس بهتری دارم»، درواقع می‌گویید: «خوشحالی من به این بستگی دارد که شما بخواهید و بتوانید رفتارتان را اصلاح کنید. درنتیجه من قدرتمند نیستم».

هرچه بیشتر بکوشید تا دیگران را خوشحال کنید، به یقین آن‌ها بیشتر غمگین می‌شوند، زیرا به‌جای اینکه در درونشان به هماهنگی برسند، به رفتارهای دیگران وابسته می‌شوند که هیچ کنترلی روی آن ندارند.

می‌خواهید همسرتان شاد باشد و متوجه می‌شوید به خاطر موضوعی ناراحت است. هر کاری را که به ذهنتان می‌رسد انجام می‌دهید تا او احساس بهتری پیدا کند. او حواسش از ناهماهنگی‌اش پرت و برای مدتی حالش بهتر می‌شود. همسرتان این حال بهبود یافته را دوست دارد و حالا مسؤولیت بهتر کردن حال او را برعهده می‌گیرید. احساس او حالا به رفتار شما وابسته شده است، به مرور استقلالش را از دست می‌دهد و همین باعث می‌شود شادی کمتری داشته باشد. پس بیشتر تلاش می‌کنید تا خوشحالش کنید؛ اما او حتی غمگین‌تر می‌شود، زیرا شما با این فرضیه‌ی غلط که باید شخص دیگری را شاد کنید، رفتار می‌کنید.

اوقات خوشی را می‌گذرانید، تکلیفتان با خودتان روشن است، سرزنده هستید، احساس فوق‌العاده ای دارید و به دلیل هماهنگی‌تان با منابع وسیع‌تر، فرکانسی قوی از سیگنال خوشبختی را می‌فرستید. از سوی دیگر،

چون همسرتان می‌خواهد احساس خوبی داشته باشد و فرکانسی هم که شما می‌فرستید به همین مسئله مربوط می‌شود، درنتیجه روی فرکانس او هم تأثیر می‌گذارد تا با خودش همسو شود. به‌عبارت‌دیگر، به خاطر خودخواهی‌تان مبنی بر اینکه به منابع خوشبختی‌تان هم چنان متصل باشید، توانستید همسرتان را به‌سوی خواسته‌تان هدایت کنید.

بنابراین، تنها کاری که می‌توانید انجام دهید، این است که آن قدر دیگران را دوست بدارید تا با خودشان به هماهنگی برسند و این تنها کاری است که آن‌ها را شاد می‌کند.

به تعادل فرکانس خودتان بچسبید و بگذارید قانون جذب بقیه‌ی کارها را انجام دهد.

حال، این افکار کاملاً در جهت جریان است و احساس بهتری دارید.

هنگامی که با آگاهی از چگونگی خلقت، با حساب سپرده‌ی فرکانسی و سیستم راهنمای عاطفی‌تان که بیانگر جهت افکار فعلی‌تان است، آشنا می‌شوید، از این پس رفتار دیگران اسیرتان نخواهد کرد. وقتی کسی ترکتان می‌کند، درک می‌کنید که فقط یک نفر از زندگی‌تان خارج شده است و این پایان رؤیاهایتان، پایان خلقت یا پایان زندگی‌تان نیست، بلکه تجربه‌ی دیگری است که باعث می‌شود با شفافیت بیشتری بفهمید چه مواردی را می‌خواهید و چه مواردی را نمی‌خواهید. اینک فرصت دیگری برایتان پیش آمده است تا سپرده‌ی فرکانسی خوشایندتری خلق کنید.

کسب‌وکارتان از طریق فکرتان خلق شده است نه اقدامتان.

هیچ عاملی هم نمی‌تواند به اندازه‌ی تمرکز روی خصوصیات بد، بدترین آن‌ها را سراغتان بیاورد و به اندازه‌ی تمرکز روی خصوصیات خوب، بهترین

آن‌ها را برایتان بیاورد.

اگر هر بار که از وجود مشکلی باخبر می‌شدید، آن را فقط پرسشی می‌دیدید، پاسخ آن را به‌سرعت پیدا می‌کردید و از فرایند توسعه لذت می‌بردید. به‌عبارت‌دیگر، جزئیات شما را گیر نینداخته است، بلکه انرژی ازهم‌گسسته‌تان گرفتارتان کرده است.

اگر بتوانید به انرژی ازهم‌گسسته‌تان توجه کنید و رابطه‌تان را با آرزوهای رو به تکاملی که برای کسب‌وکارتان دارید حفظ کنید، افراد بااستعداد بیشتری را جذب می‌کنید تا به جزئیاتی که می‌خواهید اجرا کنید، بپردازند.

به‌شدت دلتان می‌خواهد به خانه‌ی جدیدی در محله‌ای دیگر بروید و همسرتان می‌گوید که می‌خواهد در همین خانه بماند. اگر فقط به خانه‌ی جدیدتان فکر کنید، افکارتان روزبه‌روز با فرکانس خانه‌ی جدید همسوتر می‌شود و شرایط و اتفاق‌ها به‌گونه‌ای رخ می‌دهد تا به خواسته‌تان برسید؛ اما اگر به تصمیم کاملاً متضاد همسرتان فکر کنید، ذهنتان را برای مدتی درگیر آن و توجیه کنید که چرا خانه‌ی جدید می‌خواهید و از اینکه شوهرتان تمایل ندارد حتی در موردش فکر کند، ناراحت باشید. در این صورت، افکار روزمره‌تان با فرکانس آرزوهایتان هماهنگ نخواهد شد. با فکر کردن به افکار مخالفت‌آمیز شوهرتان، شما به ترکیب فرکانستان، مقاومت را افزوده‌اید و هم اینک به‌سوی نتیجه‌ی دلخواهتان حرکت نمی‌کنید.

آگاهی از اینکه برای خلق آرزوهایتان نیازی به توافق با هیچ شخص دیگری ندارید، به شما رهایی می‌بخشد.

اگر سعی به اصلاح او داشته باشید، به‌احتمال‌زیاد روی جنبه‌های ناخواسته تمرکز می‌کنید که وارد فرکانستان و مانع فرایند خلق شما می‌شود و به مرور زمان به خاطر جا ماندن از آرزوهایتان، از دست همسرتان عصبانی

می‌شوید.

بسیاری از مردم توضیح می‌دهند که ترسشان طبیعی بوده است. از این رو، به اتفاق‌های بدی که در زندگی خود یا عزیزانشان در حال وقوع است، اشاره می‌کنند؛ اما علت اینکه چرا برخی افراد پی‌درپی اتفاق‌های منفی را تجربه می‌کنند، فقط این است که وقتی اولین اتفاق ناخوشایند رخ می‌دهد، به آن زیاد توجه می‌کنند که بعد باعث می‌شود دومین اتفاق منفی رخ دهد و همین‌طور ادامه پیدا می‌کند.

آنچه که شما به‌راستی باور کنید، در زندگیتان مشاهده خواهد کرد. برای مثال اگر به‌شدت به کمبود، فقر و نداری اعتقادی داشته باشید، مدام به آن بیندیشید و آن را مرکز و محور گفتگوهای خود قرار دهید، تنگدستی دست رد به سینه شما نخواهد زد و با کمبودهای زیادی در زندگیتان روبه‌رو خواهید شد. به‌عکس اگر به‌وفور نعمت و شادمانی اعتقاد داشته باشید؛ تنها به این موهبت‌ها بیندیشید؛ درباره‌ی آن با دیگران سخن بگویید و بر اساس این باورها دست به عمل بزنید؛ ثروت و تندرستی و شادمانی به سراغتان خواهد آمد و به‌طورقطع آنچه را که باور دارید به چشم خواهید دید.

شما روحی هستید با یک جسم، نه اینکه جسمی با یک روح. به بیانی دیگر شما موجودی مادی نیستید که از تجربه‌های معنوی و الهی برخوردار باشید؛ بلکه مخلوقی الهی هستید که با تجربه‌های مادی سروکار دارید.

نودونه درصد از وجود واقعی و منحصربه‌فرد شما دیدنی، بوییدنی و لمس کردنی نیست. در حقیقت بخش عمده زندگیتان چیزی فراسوی این جسم است. این بخش را ذهن، احساس، اندیشه و یا هوشیاری برتر می‌نامند، هر چه باشد به‌طورقطع جسمتان نیست.

مقاومت

چرا ممکن است در برابر این اصل هستی مقاومت کنید؟ مقاومت کردن برای تأمین امنیت، یک خیال باطل است. مادام که تصور کنید وجودتان در ویژگی‌های مادی و جسمانی خلاصه می‌شود، حتی نیازی به بررسی عظمت خویش و خطرهای آمیخته با دگرگونی را ندارید. برای چند لحظه بیندیشید. تمام موانعی که بر سر راه شادمانی نشاط و سرزندگی شما قد علم کرده، به‌طور کامل در محدوده‌ی خصوصیات مادی و جسمانی شما متمرکز است. به‌مجرداینکه باور کنید که هستی شما بسی بیشتر از مشتی پوست‌واستخوان و خون و اندام‌های بدن است و هوش بیکران و کیهانی جسمتان را پشتیبانی می‌کند، به قلمروی دگرگونی گام نهاده و با بقیه مراحل این فرایند در جریان خواهید بود.

از امروز بکوشید که برای تعیین هویت از القاب و عناوین مادی استفاده نکنید. سال‌هاست که من خود را با عناوین حرفه‌ای خویش معرفی نمی‌کنم. وقتی مردم از من می‌پرسند که چه‌کاره‌ام، به‌طورمعمول پاسخ می‌دهم: کار من پیدا کردن خوشی‌هاست. گرچه این پاسخ چرند و مهمل به نظر می‌رسد؛ اما در بطن آن حقایق بسیاری نهفته است. من ممکن است هر کاری را انجام دهم، زیرا همه‌چیز هستم.

شما موجودی انسانی با یک روح نیستید، بلکه یک روح باتجربه‌ای انسانی هستید.

فکر بسیار فراتر از چیزی است که انجامش می‌دهید. در حقیقت وجود شما و همه‌ی ما از اندیشه تأثیر پذیرفته است. اندیشه به‌جز قالب فیزیکی ما که ذهنمان را به این‌سو و آن‌سو می‌کشد، تمام هستی ما در بر می‌گیرد. شما باید

فکر را چیزی تصور کنید که نه‌تنها در درون شما که خارج از جسم شما نیز وجود دارد.

کیفیت زندگی شما نه توسط چیزهای موجود در جهان بلکه بسته به اندیشه‌ای که انتخاب می‌کنید، دنیای خویش را از طریق آن بسازید، تعیین می‌شود.

هرگاه افکارتان به‌درستی پرورانده و درونی شود، درنهایت به شکل واقعیتی در جهان مادی ظاهر خواهد شد و به اشکال مختلف خود را نشان خواهد داد. ما از طریق تصاویر می‌اندیشیم و این تصاویر به واقعیت‌های باطنی ما تبدیل می‌شوند. به همین دلیل به‌مجرداینکه از علت و چگونگی فرآیند تصویرسازی آگاهی شویم و در این راه گام برداریم، موفقیت‌های غیرمنتظره‌ای را به‌سوی خود جذب خواهیم کرد.

اوضاع و شرایط کنونی زندگیتان به‌طور دقیق نشان می‌دهد که تاکنون چه تصاویری را به ذهن راه داده‌اید. از وضعیت ظاهرتان گرفته تا سطح تندرستی و تغذیه، میزان دارایی، روابط و هر چیز دیگر که مستلزم اقدامی از سوی شماست جملگی از تصاویری که بر پرده‌ی ذهن ترسیم می‌کنید تأثیر می‌پذیرد.

تمام تصاویری که انتخاب می‌کنید در ذهن ذخیره می‌شود و شما هر روز بر اساس رهنمودهای این تصاویر و افکار دست به عمل می‌زنید.

شما به‌طورقطع نمی‌توانید بدون استفاده از اندیشه، از احساسی برخوردار شوید. رفتارتان به احساساتتان متکی است و احساسات شما از افکارتان سرچشمه می‌گیرد... از نظر فیزیکی، همه‌ی ما و هر آنچه در درون و پیرامون ماست از انرژی تشکیل‌شده است. انرژی با سرعت‌های گوناگون ساطع می‌شود و دارای کیفیت‌های متفاوت است، از این رو گرچه هر چیزی ممکن است جامد و بی‌حرکت به نظر برسد، اما در سطح واقعیت خودش، در حال

نوسان است.

یک بررسی ساده توسط میکروسکوپ نشان می‌دهد که شیء جامد گرچه بی‌حرکت به نظر می‌رسد اما با مولکول‌هایی که با سرعتی کمتر از سرعت نور نوسان دارد، درواقع زنده است.

باور کنید که چیزی به نام شکست وجود ندارد. این نکته را از یاد نبرید که دستاوردهای شما ناشی از تصاویری است که در ذهن مشاهده می‌کنید. شما هرگز شکست نمی‌خورید، بلکه تنها با نتایج و پیامدهایی روبه‌رو هستید؛ اگر بکوشید با ضربه‌ای، توپ فوتبال را چند متر به جلو برانید و به‌اشتباه آن را به سمت راست منحرف کنید، شکست نخورده‌اید، بلکه با نتیجه‌ای روبه‌رو هستید.

هرگاه با توسل به نیروی اندیشه و قوه‌ی تخیل خویش بتوانید، تمام آنچه در خواب و رؤیا نظاره می‌کردید، در عالم بیداری تجربه کنید، شما نیز چون پیامبران الهی با ابدیت و نامتناهی یکی شده و با آنچه در ورای مکان و زمان است ارتباط پیدا خواهید کرد و در این حال نسبت به آنچه در زمان و مکان روی می‌دهد آزادگی و وارستگی خواهید یافت.

در جهان مادی، مقصر شمردن رویدادها و دیگران دستاویز مناسبی برای عدم پیگیری اهداف و آرزوهایمان است. ما برای بیماری خویش، جهان را مقصر میشمریم، بازار بورس را مسئول وضعیت مالی خویش قلمداد می‌کنیم، افزایش وزن را به شیرینی فروشی نسبت می‌دهیم.

شخصیت خود را محصول و ثمره برخورد نامناسب والدین خویش می‌دانیم و حال آنکه در قلمروی اندیشه، نمی‌توان گناه شکست‌ها و عقب ماندگی‌های خود را توجیه کرد؛ زیرا ما در قبال همه چیز مسئولیم. وضعیت مالی، تندرستی و سایر شئونات زندگیمان از اندیشه ما نشأت می‌گیرد؛ اما اگر باور کنیم که

اندیشه شفابخش است و می‌تواند موجب سرور و شادمانی در زندگیمان شود و نیز در وضعیت زندگی دیگران تفاوت‌ها بیافزایند، بانفوذ به ژرفای درون مثبت‌ترین جنبه‌های وجود خویش را جلوه‌گر خواهیم کرد.

به‌مجرداینکه دنیای درون و قلمروی اندیشه را مرکز توجه قرار دهیم، به بخش مسئول‌تر وجودمان نقل‌مکان می‌کنیم. حال به درون خود بنگرید و ببینید که پس از قبول مسئولیت بیشتر، چه احساسی خواهید داشت.

به این نکته بیندیشید که چگونه می‌توان توانایی‌های خود را در جهان مادی تقویت کرد. دو ساعت تمرین پیانو در روز می‌تواند توانایی شما را در نواختن پیانو تقویت کند. ضربه زدن به تعدادی توپ تنیس در روز، بازی شما را در رشته‌ی تنیس تقویت می‌کند؛ اما در دنیای فاقد شکل و ماده، تجسم‌های ذهنی، تنها ابزار برای تمرین محسوب می‌شود.

هر شب قبل از رفتن به بستر، تصاویری از هدف‌ها و آرزوهای خویش را به ذهن راه دهید و از این طریق به تمرین ذهنی بپردازید. اگر آرزو دارید که از اندام مناسبی بهره‌مند شوید، جسم مناسب و زیبای موردنظر خود را بارها در ذهن مشاهده کنید. اجازه دهید که ذهنتان از این تصاویر سرشار شود. در طول روز بارها بر این آرمان یا تصویر تمرکز کنید و آنقدر به آن انرژی مثبت بدهید تا در برون به‌صورت واقعیتی عینی جلوه‌گر شود.

به‌جای اینکه رفتارتان را مرکز توجه قرار دهید، هر روز بر روی افکارتان کار کنید. ارزش کار و مصرف وقت و انرژی در درون، صدبار بیش از عرصه‌ی بیرون است. در حقیقت این افکار شماست که احساساتتان را می‌آفریند و درنهایت به اعمالتان منتهی می‌شود.

اگر ذهنیت کمبود و نداری دامن‌گیرمان شود، تمام جنبه‌های زندگی خویش را برحسب فقدان و تنگنا ارزیابی خواهیم کرد. اگر در محدوده کمبود و

نداری ساکن شویم، تمام نیروی خود را در جهت آنچه نداریم صرف می‌کنیم و این شیوه‌ی زندگی را برای همیشه ادامه می‌دهیم.

وضعیت زندگی بسیاری از مردم بر اساس این تصور است که: «من به‌اندازه کافی مال‌ومنال ندارم» یا «وقتی نمی‌توانم لباس‌های فرزندانم را تأمین کنم، چگونه وفور و نعمت را باور کنم؟» و یا «اگر... داشتم، خیلی خوشحال‌تر می‌شدم.» مادام که این کسان زندگی را با ذهنیت کمبود توصیف کنند، چیزی به‌جز فقر و نداری دستگیرشان نخواهد شد.

آنچه برای از میان برداشتن این موقعیت نامطلوب موردنیاز است پیشاپیش در اختیار ماست. به‌مجرداینکه به این نکته واقف شویم که ما جزئی از این عالم بی‌کرانه‌ایم و توانگری و فراوانی در همه‌ی سطوح مقام طبیعی ماست، وفور نعمت به راه‌های مختلف در دسترس ما قرار خواهد گرفت. نخستین گام برای خلاص شدن از شر ذهنیت نداری، آن است که ازآنچه هستیم و داریم قدردانی کنیم؛ سپاسگزاری باید به‌صراحت بیان شود. با خلوص نیت از وجودتان - که یکی از معجزه‌های دستگاه آفرینش است- سپاسگزاری کنید.

از اینکه زنده‌اید؛ دارای چشم و گوش و پا هستید و هم‌اکنون در اینجا شاهد رؤیایی شگفت‌انگیز هستند شاکر باشید. بکوشید آنچه دارید مرکز توجه قرار دهید و نه آنچه فاقد آن هستید. نام و مشخصات چیزهایی را که از بابت آن سپاسگزارید فهرست‌وار بنویسید: دوستان و اعضای خانواده ، لباس و غذا، هر پولی که در اختیار شماست، آنچه در تملک خود دارید، هر چیزی که برای گذراندن زندگی نیازمندش هستید. همه‌چیز: یخچال، فرش، خودکار و هر چیز دیگر، میزان سپاس و قدردانی خویش را ازآنچه هم‌اکنون در اختیاردارید کانون توجه قرار دهید و قبل از اینکه به خاطر این

موهبت‌ها از نظام طبیعت قدردانی کنید، درباره‌ی آن به‌عنوان چیزهایی که به‌طور موقت به شما تعلق دارد بیندیشید.

به‌مجرداینکه بیاموزید که برای هر کس و هر چیزی که در مسیر زندگیتان قرار می‌گیرد و نیز برای همه‌ی جنبه‌های انسانیت سپاسگزار باشید، در مسیر از میان برداشتن ذهنیت کمبود و تنگنا قرار دارید.

ذهن را به هر مسئله‌ای متمرکز کنید، همان مسئله در زندگیتان بسط و توسعه خواهد یافت و به گونه‌های مختلف خود را نشان خواهد داد. برای مثال، اگر ضمن اینکه بدهکارید، از سرمایه قابل‌توجهی نیز برخوردار باشید و تمام ذهن خود را به سرمایه‌تان معطوف کنید، یقین بدانید که در آینده نه‌چندان دور سرمایه‌ی شما افزایش پیدا خواهد کرد.

اگر ذهنتان را به بیماری متمرکز کنید و همواره درباره‌ی آن سخن بگویید و با هر کس که برخورد می‌کنید از احساس سستی و رخوت خود شکوه و گلایه سر دهید، نیروی شما در جهت توسعه بیماری هدایت خواهد شد؛ اما اگر ذهنتان را به بخش سالم و تندرست وجودتان متمرکز کنید و از نشاط و تندرستی خود با دیگران سخن بگویید، سلامتی و شادکامی در کشتزار باطن شما بارورشده و در وقت مناسب ثمره‌اش را به بار خواهد آورد.

ما بر اساس افکارمان دست به عمل می‌زنیم و همین افکار است که به تجربه‌های روزانه زندگی ما تبدیل می‌شود. به همین دلیل اگر شما بخش قابل‌توجهی از نیروی ذهن خود را به کمبود و تنگنا متمرکز کنید، کمبود و نداری در آگاهی شما جریان یافته و به‌طورقطع این وضعیت را در زندگیتان بسط و توسعه خواهد داد.

اگر جای خالی چیزی را در زندگیتان حس می‌کنید، تنها به این سبب است که ذهنتان به کمبود و نداری متمرکز است؛ این‌گونه تفکرها مولد فضای

خالی در زندگی شماست. حال اگر به‌طور کامل گرایش‌ها و انتظارهایتان را از زندگی دگرگون کنید؛ کمال و کامل بودن را مرکز توجه قرار دهید و باور کنید که نمی‌توانید چیزی را صاحب شوید؛ زندگیتان رو به شکوفایی خواهد رفت. این بدان معنا نیست که از مال و دارایی که تابه‌حال اندوخته‌اید لذت نبرید و یا از امتیازات مقام و منزلت خویش بهره‌مند نشوید؛ مقصود آن است که شکل و وجود هیچ‌چیز، از جمله وجود من و شما، ثابت و پایدار باقی نمی‌ماند.

صلاحیت و شایستگی خود را چگونه ارزیابی می‌کنید. اگر فکر می‌کنید که صلاحیت شما ناچیز است، به همین اندازه صلاحیت‌دارید. اعتقاد به تنگنا و نداری مولد، تنگنا و نداری است و شرایطی فراهم می‌کند که این اصل بر زندگی شما حکم‌فرمایی کند.

این قاعده نیز در مورد اصل فراوانی صدق می‌کند. برای دستیابی به‌وفور و فراوانی، باید به کاری بپردازید که از آن لذت می‌برید. اشتغال به کاری که دوستش دارید، سنگ زیربنای فراوانی در زندگیتان محسوب می‌شود. خشنودی و رضایت خاطر تنها زمانی میسر می‌شود که با خود رک و روراست باشید.

صداقت بدان معناست که حال و هوای درونی و بیرونی شما در حال تعادل و توازن باشد؛ اگر از کسب‌وکار خود بیزارید و یا نسبت به آن بی‌تفاوت، از نظر عموم ماوراءالطبیعه ضرر و زیان شما اجتناب‌ناپذیر خواهد بود؛ زیرا رفتاری که توسط جسمتان انجام می‌دهید، باهوش و خرد شما در قلمروی اندیشه ناهماهنگ و ناسازگار است.

نقطه‌نظرهای مخالف می‌تواند در قالب کلمه‌ها و عبارت‌های مثبت بیان شود و از شما یک حامی و پشتیبان بسازد. اگر گفتار تلخ و گزنده خود را

به الفاظ شیرین و حمایت‌کننده تبدیل کنید؛ ذهن خود را به نیروی بالقوه متمرکز کرده و اوضاع و شرایط را به‌گونه‌ای مثبت متحول می‌کنید. هرگاه این فرآیند درست اجرا شود و جا بیفتد، به‌زودی درمی‌یابید که آنچه مرکز توجه شما قرار می‌گیرد بسط و توسعه می‌یابد. ما آموخته اینکه به کمبودها و محدودیت‌ها بیندیشیم و داشتن‌ها و نداشتن‌ها را معیاری برای تعیین واقعیت‌ها به شمار آوریم و بدون تردید تعداد نداشتن‌ها از داشتن‌ها معیاری برای تعیین واقعیت‌ها به شمار آوریم و بدون تردید تعداد نداشتن‌ها از داشتن‌ها بسیار زیادتر است. به ما نیاموخته‌اند که عالم برای یکایک ما غنی و لبریز از نعمت است.

احساس کمبود سبب می‌شود که برای جبران هر چه بیشتر آن به تقلا بیفتند و به تکاپوی سخت تن در دهند و باوجوداین مدام در هراس باشند که مبادا به سر منزل مقصود نرسند. پس بدون توجه به مال و دارایی اندک، ذهنتان را فقط به آنچه در اختیاردارید متمرکز کنید.

از هر مجالی برای قدردانی ازآنچه در اختیاردارید استفاده کنید. حتی اگر مال و دارایی بیشتری می‌طلبید و یا از خصوصیات فردی خود خرسند نیستید، از قدردانی غافل نشوید. سپاسگزاری حرص و طمع را از رنگ و جلا می‌اندازد و افکار را به‌وفور و فراوانی متمرکز می‌کند. وقتی ما از چیزهایی که در اختیارداریم قدردانی می‌کنیم پنداری جهان هستی سخاوتمندتر می‌شود و نعمت‌ها بیشتری را به ما ارزانی دارد. همچنین من به این کشف بزرگ نائل شده‌ام که هر چه به حرص و طمع بیشتر غلبه کنیم، نعمت‌های بیشتری به سراغمان خواهند آمد.

به مجرد دستیابی به چیزی خوب و رضایت‌بخش در زندگیتان به خود خاطرنشان کنید: «من شایستگی این را دارم.» وفور و فراوانی حاصل

احساسی است که نسبت به خود دارید. اگر حس میکنید که آنقدر مهم هستید که می‌توانید مسائل دیگران را پاسخ گویید و آنقدر الهی شده‌اید که شایسته پاداش هستید، پاداش خود را کنترل خواهید ستاند. به‌عکس اگر در ته دل و در باطن خود را لایق نپندارید و تواناییتان را به هیچ گیرید، عرصه‌ی ذهن خویش را به روی کمبود و نداری گشوده‌اید.

از عبارت‌های تأکیدی به‌طور مداوم استفاده کنید از هر فنی برای جلب وفور و فراوانی بهره جویید. دیوارها، آینه‌ها، یخچال و اتومبیل مناسب‌ترین مکان برای نصب و نمایش عبارت‌های تأکیدی شماست. یک عبارت تأکیدی مثبت می‌تواند شما را در تبلور خواسته‌هایتان یاری کند. همچنین کمک می‌کند تا صادقانه با افکارتان هم رأی جامه‌ی عمل بپوشانید، ضرورت دارد که عبارت‌های تأکیدی را مرتب بیان کنید.

شما نیز مجموعه‌ای از انرژی هستید که به‌طور کامل در درون نظام‌های بزرگ‌تر و بزرگ‌تر، جریان رودخانه‌ی زندگی را دنبال می‌کنید. مادام که در کار و وظیفه‌ای که در این نظام کامل به عهده شما گذاشته شده، مداخله نکنید، می‌توانید به دقت آنچه را که برایتان طرح‌ریزی‌شده است انجام دهید. ناچار نیستید بکوشید آنچه را که فکر می‌کنید وظیفه طرح‌ریزی‌شده است انجام دهید. ناچار نیستید بکوشید آنچه را که فکر می‌کنید وظیفه شماست انجام دهید.

این نکته را از یاد نبرید که هر نوع دل‌بستگی مبنی بر اینکه کارها باید این‌گونه پیش برود، نوعی مداخله در عملکرد نظام بزرگ‌تر است. هر چه بیشتر بتوانید از دل‌بستگی آزاد و رها شوید، شادمانی و رضایت خاطر بیشتری نصیبیتان خواهد شد. حتی چیزهایی که درگذشته در راه دستیابی به آن بی‌وقفه جان‌فشانی می‌کردید و عاقبت به حرص و طمع بیشتری منجر

می‌شد، اکنون به مقدار اصل رهای از وابستگی و فراوانی، بدون تلاش و تکاپوی فراوان مواهب و نعمت‌های چیزهایی که به آن‌ها نیازی ندارید، انرژی آسمانی را در وجودتان مستقر می‌کنید. آنگاه معجزه‌ها یکی پس از دیگری ظاهرشده و به شما گوشزد می‌کند که هر چه بیشتر ببخشایید، بیشتر می‌ستایند. به‌هرحال عملکرد این نظام کامل و شکوهمند است، مشروط به اینکه در کارش مداخله نکنید و سر راهش قرار نگیرید.

وقتی از طریق کلید روی دیوار، چراغی را روشن می‌کنید، نمی‌توانید ارتباط بین کلید و اتاقی که مانند روز روشن‌شده، ببینید. باوجوداین یقین دارید که ارتباطی وجود دارد؛ می‌دانید عوامل ارتباط‌دهنده در درون دیوار پنهان است. پس ما ناگزیر نیستیم که عوامل ارتباط‌دهنده را ببینیم، تنها باید باور کنیم که چنین ارتباطی وجود دارد، ولو اینکه این ارتباط پنهان و ناپیدا باشد. بنابراین مثبت نگری شرط عمده و اساس برخورداری از اصل به هم پیوستگی است. هر واکنش مثبت در زندگی به واکنش مثبت دیگری می‌انجامد. این فرآیند تحت تأثیر قانون علل و معلول نیست بلکه تنها تداوم انرژی در تمام گونه‌ها و اشیاء گیتی است. شما با توسل به ذهنتان به‌عنوان منشاء اندیشه ـ که منبع انرژی و کانون زندگی است- می‌توانید تفاوت‌های بی‌کرانه‌ای در جریان دارد پدید می‌آورد و آن را از حرکت باز می‌دارد.

شما هر روز می‌توانید از این واقعیت هشداردهنده در زندگیتان سود ببرید. به‌مجرداینکه از این واقعیت آگاه شوید که هر چیزی که سر راه شما قرار می‌گیرد، هر چیزی که حس می‌کنید و یا به آن می‌اندیشید، بخشی از پیوستگی عالم هستی است، زندگی خود را از قیدوبند آزادکرده‌اید؛ آغاز می‌کنید که ببینید تمام مراحل زندگیتان مانند قطعات پازل به‌هم‌پیوسته و کامل است. می‌توانید در ذهن و یا فراسوی جسم خود قرار بگیرید و به

اعمال و کردارتان بنگرید؛ می‌توانید از هر چیزی که وادارتان می‌کند تا با خشونت برخوردار کنید دل بکنید و نسبت به اطرافتان خوش رو و پذیرا باشید، کامل و تمام‌عیار بوده و هست و خواهد بود، از قضاوت و داوری بی‌پایان دست بکشید و رفتارتان را از صلح و صفا سرشار کنید.

این نگرش که هر چیز همان‌گونه که مقدر است اتفاق خواهد افتاد و هیچ امری اتفاقی و تصادفی نیست و موقعیت کنونی ما، همان‌گونه که باید باشد هست، فشار روحیتان را به میزان قابل‌توجهی کاهش داده، نیازتان را برای قضاوت و داوری درباره‌ی هر چیز برطرف می‌کند. حال در عالم خیال از جسم خود فاصله بگیرید و ببینید که جزئی از یک نمونه‌ی کامل و تمام‌عیار بودن تا چه اندازه شکوهمند است.

هر رویداد ناگوار را شتا بزده و نامناسب تعبیر نکنید، بلکه ببینید که در ورای این **مسئله** چه درسی نهفته است. وقتی بدانید که در این جهان به‌هم‌پیوسته و کامل، شما خود آفریدگار مقدرات خویشید و به خاطر نابسامانی‌های خود، هیچ‌کس و هیچ‌چیز را به باد ملامت نمی‌گیرید. بااینکه هر چه به جهان ارزانی می‌کنید، توسط یک انرژی کامل و پس از یک سیر گردشی به خودتان بازمی‌گردد، نگرش خود را نسبت به «شانس و اقبال» تغییر خواهید داد.

نگرانی را کنار بگذارید!

در این عالم به‌هم‌پیوسته، کامل و تمام‌عیار از چه چیزی نگرانید؟ نگرانی از بابت چیزهایی که خارج از کنترل شماست امری غیرمنطقی است؛ زیرا نگرانی شما چیزی را تغییر نمی‌دهد. نگرانی از بابت چیزهایی که تحت کنترل شماست نیز معنا و مفهومی ندارد؛ زیرا به میل و اراده خود می‌توانید

وضعیت نگران‌کننده را تغییر دهید.

فراموش نکنید که «دنیا تحت سیطره شماست. خداوند به شما از روح خودش دمیده است» است. شما می‌توانید به‌جای توجه به تجزیه‌وتحلیل، ترکیب را کانون توجه قرار دهید و به‌این‌ترتیب ذهنتان را از تحت تسلط خشونت به زیر سیطره و نفوذ هماهنگی درآورید. ترکیب کردن یعنی همه‌چیز را به هم متصل کرده تا ببینید که اجزای این کل تا چه اندازه با هم جور و هماهنگ است. از طریق ترکیب می‌توانید میزان هماهنگی خود و دیگران را نسبت به اصول کائنات ارزیابی کنید.

اگر قصد دارید در مسیر هوشیاری والاتری گام بردارید، باید توانایی خود را برای عفو و گذشت بیازمایید. غالب ما در فرآیند بخشودن از آمادگی کامل برخوردار نیستیم. از این رو به ملامت، انتقاد و کینه‌جویی روی می‌آوریم و در نکوهش دیگران به خاطر نارسایی‌ها و لغزش‌های زندگیمان کارکشته می‌شویم. مقصودم از بخشودن، صد در صد عفو و گذشت است.

می‌خواهید به‌طور کامل از گزند مقصر شناختن و ملامت دیگران خلاص شوید، باید به‌طور کامل با خود صادق و روراست باشید. برای این منظور، قبل از هر چیز خود را در قبال همه جنبه‌های زندگیتان مسئول بدانید **با خود بگویید: «موقعیت کنونی من حاصل تمام تصمیم‌های من تا این لحظه است.»** تعلیم و تربیت و فرهنگ شما ممکن است به گردن گرفتن تقصیر را فرآیندی دشوار معرفی کند. ممکن است بگویید: «کاری از دستم برنمی‌آید»؛ «وضعیت من از نظر زمان و مکان نامناسب بود»؛ «یا موقعیت نامناسبی روبه‌رو بودم»؛ «وضعیت خانواده‌ام مسبب این مصیبت و بدبختی است.» و یا به هر بهانه دیگری که برای اعلام بی‌تقصیری خود سر هم می‌کنید.

حال وقت آن فرارسیده که تمام این دستاویزها را به دور افکنید و با نگرشی تازه به زندگیتان بنگرید. به‌این‌ترتیب هر چیزی که برای شما اتفاق افتاده است، درسی است که باید در قبال آن شاکر و سپاسگزار باشید؛ و هر کس را که به زندگی شما قدم گذاشته، بدون توجه به اینکه چقدر وی را مقصر می‌شناسید و یا از او نفرت دارید؛ یک استاد تلقی کنید. برخوردتان با او را به شانس و تصادف نسبت ندهید. عالم هستی با تمام اجزایش، از جمله ذرات ریز موجود در اتم‌های جسم شما و نیز جسم افرادی که مقصرشان می‌شناسید از هر حیث کامل و تمام‌عیار است.

خودداری از داوری درباره‌ی دیگران درواقع پرهیز از داوری درباره‌ی خویشتن است. نیاز شما برای ارزیابی اوضاع و شرایط دیگران نه آنان را که شما را معرفی می‌کند. صرف‌نظر از اینکه ممکن است کارهای دیگران را ناخوش آیند بیابید، هر چه با نرمی و ملاطفت با آنان رفتار کنید، نرم‌تر و ملایم‌تر با خود برخورد خواهید کرد. به‌عکس هر چه بیشتر در اثر رفتار نامطلوب دیگران دچار اغتشاش فکری شوید، بیشتر متوجه می‌شوید که باید درزمینه‌ی بخشودن خود کار کنید. حتی اگر غالب مردم ارزش‌ها و عقاید شما را زیر پا گذاشتند، از قضاوت درباره‌ی آنان خودداری خواهید کرد، در صورت تقاضا، به یاری دیگران می‌شتابید و با گام برداشتن در این مسیر، می‌توانید به انتخاب خود تحت تأثیر رفتار دیگران قرار نگیرید. یادتان نرود که شما همانی می‌شوید که فکر می‌کنید. با افکارتان شروع به ساختن دنیای جدید خود بکنید و از خداوند بخواهید راه را نشانتان بدهد. به‌جای افکار منفی؛ **هرلحظه با خداوند مشورت کنید.**

جهان و احتمالات دیگری هم هست که شما نمی‌توانید آن را ببینید اما وجود دارد. شما باید واقعیت متفاوت را شروع کنید! شما باید زندگی خود

را دوباره بسازید. چون هر چه که شما بگویید، چه خوب و چه بد، جهان به شما اطمینان می‌دهد که آن را دریافت کرده‌اید.

اگر مدام با خود بگویید که قربانی زندگی شده‌اید، در این صورت بارها و بارها آن را تکرار می‌کنید. تصاویر در زندگی‌تان پیدا می‌شود. اگر تعریف می‌کنید که شما به باهوشی بقیه‌ی مردها نیستید، یا مثل بقیه‌ی مردم جذاب نیستید، یا مثل دیگران بااستعداد نیستید، حق با شماست چون دنیا مثل همین‌ها را به شما نشان می‌دهد. آنتونی رابینز کتابی دارد به اسم پرسش‌های کوانتومی. می‌گوید: سؤال‌هایتان را عوض کنید تا زندگی‌تان عوض شود.

یک روش پرسیدن سؤال این است که سؤال‌های مثبت بپرسید. سؤال‌هایی بپرسید که جواب آن؛ حال شما را بهتر کند. مثلاً؛ چه چیزهایی را دوست دارم؟ چقدر انسان‌های خوب را دوست دارم؟ چه چیز دیگری وجود دارد که من دوست دارم؟ چه چیزهایی را می‌توانم ببینم که مرا واقعاً خوشحال می‌کند؟ چه چیزی را می‌توانم ببینم که مرا به هیجان بیاورد؟ چه چیزی را می‌توانم ببینم که در ذهنم منتظرشان هستم؟ چه چیزهایی دارم که بابت آن شکرگزاری کنم؟ چه چیزی را دوست دارم بشنوم؟ وقتی این سؤالات ذهنی را مطرح کنید، ذهنتان چاره‌ای ندارد جز اینکه فوری مشغول جواب دادن شود. به‌محض اینکه ذهن شما درگیر جواب‌های سؤالاتتان شود، فوری از افکار دیگر دست می‌کشد.

اگر اختیار ذهنتان را در دست نداشته باشید، گاهی مثل یک ماشین ترمز بریده از جاده خارج می‌شود. شما راننده‌ی ذهنتان هستید؛ بنابراین کنترل آن را در دست بگیرید و آن را با دستورهایتان مبنی بر اینکه به کجا برود مشغول کنید... اگر به ذهنتان نگویید چه کار کند، مثل اسب چموش شما را بالاخره زمین می‌زند.

چرا به خواسته‌هایم نمی‌رسم؟

- آیا شما هم این سؤال‌ها را مدام از خود می‌پرسید؟
- چرا من به خواسته‌هایم نمی‌رسم؟
- چرا من شانس ندارم؟
- چرا من در خانواده فقیر به دنیا آمدم؟
- چرا خدا به من کمک نمیکنه؟
- چرا دعاهای منو نمیشنوه؟
- چرا بعضی‌ها به‌راحتی پول در میارن؟
- فرق من با بقیه چیه؟
- چرا پول از من فراریه؟
- چرا همه رابطه‌های من خراب میشه؟
- چرا بااین‌همه زیبایی احساس تنهایی می‌کنم؟
- خوشبختی رو کجا پیدا کنم؟

و هزاران سؤال دیگه که ممکنه شما داشته باشید.

آنچه شما باید بدانید این است که در جهان قوانینی وجود دارد که ثابت است و خداوند در قران از آن به سنت الهی یاد می‌کند؛ و می‌فرماید در سنت الهی هرگز تغییری نخواهی یافت.

إِنَّ اللّهَ لاَ يُغَيِّرُ مَا بِقَوْمٍ حَتَّى يُغَيِّرُواْ مَا بِأَنْفُسِهِمْ: خداوند سرنوشت هیچ قوم (و ملتی) را تغییر نمی‌دهد مگر آنکه آنان آنچه را در خودشان است تغییر دهند.

سُنَّةَ اللَّهِ الَّتِي قَدْ خَلَتْ مِنْ قَبْلُ ۖ وَلَنْ تَجِدَ لِسُنَّةِ اللَّهِ تَبْدِيلًا (۲۳ فتح)

سُنَّةَ اللَّهِ فِي الَّذِينَ خَلَوْا مِنْ قَبْلُ ۖ وَلَنْ تَجِدَ لِسُنَّةِ اللَّهِ تَبْدِيلًا (۶۲ احزاب)

سُنَّةَ مَنْ قَدْ أَرْسَلْنَا قَبْلَكَ مِنْ رُسُلِنَا ۖ وَلَا تَجِدُ لِسُنَّتِنَا تَحْوِيلًا (۷۷ اسرا)

اما حال این سؤال پیش می‌آید که تغییر واقعی در کجاست و منظور از تغییر چیست؟

اولین تغییر این است که به تمام دانسته‌هایت شک کنی و باید بدانی که هیچ واقعیت واحدی در جهان وجود ندارد. دنیا حاصل تفکرات توست و دنیا به هرکسی واقعیت متفاوتی را نشان می‌دهد. پس بدان زندگی هر کس مخصوص خود اوست و می‌تواند به هر شکلی که می‌خواهد آن را دوباره خلق کند. با دانستن این مطلب دیگر هرگز خود را با دیگری مقایسه نخواهی کرد.

راستی می‌دانی تو چقدر قدرتمندی؟ راستی می‌دانی که خداوند آسمان‌ها و زمین را مسخر تو کرده است و رام اراده تو هستند، آیا می‌دانی که تو چقدر بی‌نظیری و ارزشمند.

در قران در چندین آیه به این نکته اشاره‌کرده است.

■ أَلَمْ تَرَ أَنَّ اللَّهَ سَخَّرَ لَكُمْ مَا فِي الْأَرْضِ وَالْفُلْكَ تَجْرِي فِي الْبَحْرِ بِأَمْرِهِ وَيُمْسِكُ السَّمَاءَ أَنْ تَقَعَ عَلَى الْأَرْضِ إِلَّا بِإِذْنِهِ إِنَّ اللَّهَ بِالنَّاسِ لَرَءُوفٌ رَحِيمٌ (٦٥ الحج)

آیا ندیده‌ای که خدا آنچه را در زمین است به نفع شما رام گردانید و کشتی‌ها در دریا به‌فرمان او روان‌اند و آسمان را نگاه می‌دارد تا { مبادا } بر زمین فروافتد مگر به اذن خودش در حقیقت خداوند نسبت به مردم سخت رئوف و مهربان است.

■ أَلَمْ تروآ أَنَّ اللَّهَ سَخَّرَ لَكُمْ مَا فِي السَّمَاوَاتِ وَمَا فِي الْأَرْضِ وَأَسْبَغَ عَلَيْكُمْ نِعَمَهُ ظَاهِرَةً وَبَاطِنَةً ۗ وَمِنَ النَّاسِ مَنْ يُجَادِلُ فِي اللَّهِ بِغَيْرِ عِلْمٍ وَلَا هُدًى وَلَا كِتَابٍ مُنِيرٍ (لقمان ۲۰)

آیا ندانسته‌اید که خدا آنچه را که در آسمان‌ها و زمین است مسخر شما ساخته و نعمت‌های ظاهر و باطن خود را بر شما تمام کرده است؛ و برخی از مردم درباره خدا بی { آنکه} دانش و راهنمود و کتابی روشن {داشته باشند} به مجادله برمی‌خیزند.

■ يَا أَيُّهَا الَّذِينَ آمَنُوا إِذَا نَاجَيْتُمُ الرَّسُولَ فَقَدِّمُوا بَيْنَ يَدَيْ نَجْوَاكُمْ صَدَقَةً ۚ ذَٰلِكَ خَيْرٌ لَكُمْ وَأَطْهَرُ ۚ فَإِنْ لَمْ تَجِدُوا فَإِنَّ اللَّهَ غَفُورٌ رَحِيمٌأَأَشْفَقْتُمْ أَنْ تُقَدِّمُوا بَيْنَ يَدَيْ نَجْوَاكُمْ صَدَقَاتٍ ۚ فَإِذْ لَمْ تَفْعَلُوا وَتَابَ اللَّهُ عَلَيْكُمْ فَأَقِيمُوا الصَّلَاةَ وَآتُوا الزَّكَاةَ وَأَطِيعُوا اللَّهَ وَرَسُولَهُ ۚ وَاللَّهُ خَبِيرٌ بِمَا تَعْمَلُونَ (۱۲ و ۱۳ مجادله)

خدا همان کسی است که دریا را به سود شما رام گردانید تا کشتی‌ها دران به فرمانش روان شوند و تا از فزون بخشی او { روزی خویش را} طلب نمایند و باشد که سپاس‌دارید و آنچه را در آسمان‌ها و آنچه را در زمین است به سود شما رام کرد همه از اوست قطعاً در این { امر } برای مردمی که می‌اندیشند نشانه‌هایی است.

■ وَسَخَّرَ لَكُمُ الشَّمْسَ وَالْقَمَرَ دَائِبَيْنِ ۖ وَسَخَّرَ لَكُمُ اللَّيْلَ وَالنَّهَارَ (۳۳ ابراهیم)

و خورشید و ماه را که پیوسته روان‌اند برای شما رام گردانید و شب و روز را { نیز} مسخر شما ساخت.

■ وَسَخَّرَ لَكُمُ اللَّيْلَ وَالنَّهَارَ وَالشَّمْسَ وَالْقَمَرَ ۖ وَالنُّجُومُ مُسَخَّرَاتٌ بِأَمْرِهِ ۗ إِنَّ

فِي ذَٰلِكَ لَآيَاتٍ لِقَوْمٍ يَعْقِلُونَ (النحل ۱۲)

و شب و روز و خورشید و ماه را برای شما رام گردانید و ستارگان به‌فرمان او مسخر شده‌اند مسلماً در این {امور} برای مردمی که تعقل می‌کنند نشانه‌هاست؛ و تو باید بدانی که جانشین پروردگارت هستی.

نشانه و الهام

آیا می‌دانی که خداوند چگونه با تو سخن می‌گوید؟ آیا همیشه دعا می‌کردی و می‌گفتی خدایا چرا جواب دعاهای مرا نمی‌دهی؟ چقدر غصه خوردی و گاهی دلت شکست و گریه کردی؟ گاهی هم قهر کردی و چند روزی با او حرفی نزدی.

اما خداوند با بندگانش سخن می‌گوید. او با نشانه‌ها و الهامات با شما حرف می‌زند. خداوند در کتاب مقدس ۷ بار به بزرگ‌ترین نشانه‌هایش قسم یاد می‌کند و از شهود برای ما می‌گوید.

۱- سوگند به خورشید و تابندگی‌اش

۲- سوگند به ماه چون پی {خورشید} می‌رود.

۳- سوگند به روز چون {زمین را} روشن گرداند.

۴- سوگند به شب چون پرده بر آن پوشد.

۵- سوگند به اسمان و آن کس که آن را برافراشت.

۶- سوگند به زمین و آن کس که آن را گسترد.

۷- سوگند به نفس و آن کس کهان را درست کرد.

خداوند این‌همه سوگند می‌خورد تا بگوید: که هرلحظه، بدی و خوبی هر

کس را به او الهام می‌کند.

و احساسات تو این الهامات را دریافت می‌کند. فقط قوه احساس تو قادر به درک این مطلب است. اگر یاد بگیری که از احساس خودت پیروی کنی، هرگز دچار خطا نمی‌شوی و او تو را هدایت می‌کند. تمام تلاش شما در زندگیتان باید این باشد تا احساستان را همیشه خوب نگه‌دارید. تا می‌توانید آهنگ‌های شاد گوش کنید و رقص و پای‌کوبی کنید. خداوند در قران می‌فرماید: به فضل و رحمت من شادباشید که این از هرچه گردآوری کرده‌اید بهتراست.

این شادی و امید است که شما را به جلو هدایت می‌کند. دنیا آدم‌های افسرده را پس می‌زند. اصلاً دنیا با آدم‌های افسرده کاری ندارد. اگر قوانین این دنیا را بدانید به‌راحتی کارهایتان پیش می‌رود و استرس و اضطراب نخواهید داشت. کافیه خودتون رو باور کنید تا به تمام آرزوهایتان برسید. قانون‌ها را بارها و بارها بخوانید تا به عمق جان شما نفوذ کند و آن‌ها را به‌کارگیرید.

قانون باور

اساسی‌ترین قانونی که شما باید درک کنید و روی آن کار کنید، باورهای شماست زیرا تغییرات سریعی را در زندگی شما پدید می‌آورد.

باور چیست؟ هر چیزی را که بارها و بارها ببینیم و زیاد تکرارش کنیم و زیاد تجربه‌اش کنیم تبدیل به باور می‌شود؛ و هر چه را که باور کنیم، زندگی ما را رقم می‌زند.

نکته بسیار مهم این است که هر چه را باور کنی اتفاق می‌افتد، درواقع باور انقدر قوی است که تمام افکار مشابه خود را جذب می‌کند و شما به یقین می‌رسید که واقعیت زندگی همه، این‌طور است. در هر ثانیه ۷ هزار رشته

فکری از ذهن ما می‌گذرد و ما فقط به آن‌هایی توجه می‌کنیم که باور قوی برای اتفاق افتادن آن‌ها داریم.

باورها بسیار قدرتمند هستند. یه جمله از آنتونی رابینز هست که میگه: انسان ماشین اثبات باورهای خودش است؛ یعنی شما در بیرون کارهایی را انجام می‌دهید که قبلاً آن را باور کرده‌اید. گاهی باورها باعث می‌شوند ما احساس درماندگی کنیم. مثلاً دلیل نمیشه ما کاری رو که بارها انجام دادیم و شکست خوردیم دیگه نتونیم انجام بدیم. ولی اکثر مردم همین جا رو اشتباه می‌کنند. باور چیه؟ باور فکریه که بارها تکرار شده است. باورها بسیار محدودکننده هستند. باورها در سال‌های اول زندگی شکل می‌گیرند. آنچه که شما از پدر و مادر و اجتماع و مدرسه یاد می‌گیرید تبدیل به باور می‌شوند و در ناخودآگاه شما ذخیره می‌شوند و مثل یک برنامه ضبط‌شده زندگی شما را اداره می‌کنند.

حالا سؤال پیش می‌آید که ما باید چکار کنیم؟ ناخودآگاه که کار خودش را انجام می‌دهد. راه‌حل این است که آگاهانه شروع کنیم به مثبت اندیشی و داده‌های قبلی ذهن را پاک کنیم. اگر این ناخودآگاه رو دوباره تربیت کنید نیازی نیست که زیاد کار کنید و سختی بکشید اون خودش برای شما کار خواهد کرد.

بیل گیتس میگه افکاری که مثبت شده دیگه راحت پول در میاره. هرچقدر شما زمان بیشتری برای تربیت ذهن خودتون بگذارید، زحمت کمتری را برای به دست آوردن پول خواهید کشید. دکتر وین دایر می‌گوید: باور کنید تا ببینید. ولی اکثر مردم برخلاف این عمل می‌کنند و می‌گویند نشان بده تا باور کنم؛ یعنی تا چیزی را نبیند نمی‌تواند آن را باور کند.

اگر قرار بود بین خوش‌بینی و واقع‌بینی یکی رو انتخاب کنید، حتماً خوش‌بینی را انتخاب کنید تا ذهن شما این‌گونه تربیت شود. درواقع آدم‌های واقع‌بین،

بدبین هستند. خصوصیات آدم‌های واقع‌بین این‌ها هستند: ابدی پنداشتن مشکلات، خانه‌مان برانداز دانستن مشکلات، شخصی دانستن مشکلات و با یک مشکل کوچک نابود می‌شوند.

مدام باید ناخودآگاهتون رو کنترل کنید و روی افکارتون مسلط باشید... هر جا دیدید افکارتان منفی شد سریع برگردید و مثبت فکر کنید. گاهی افراد می‌پرسند چه اشکالی داره که ما چنددقیقه‌ای منفی فکر کنیم؟ باید بگویم که این افکار کم‌کم جمع می‌شوند و تبدیل به یک باور قوی می‌شوند که تغییر دادن آن بسیار سخت است.

باورها قدرت فکر کردن را از شما می‌گیرند. باورهای شما مهم‌تر از توانایی‌های شما هستند. در شرکت ماکروسافت هزار نفر بهتر از بیل گیتس هست ولی تنها خودش باور داره که می‌تونه مایکروسافت رو داشته باشه. بهترین‌ها برای ایشون دارند کار می‌کنند.

باورهای اشتباه توانایی شما را کم می‌کند؛ و باورهای درست، شما را به همه‌جا می‌رساند. الزاماً هر چیزی را که ما در بیرون می‌بینیم واقعیت نیست. ما می‌توانیم همه آن‌ها را زیر سؤال ببریم. مثلاً وقتی می‌بینیم یک نفر به سختی کار می‌کند و پول درمی‌آورد، الزاماً همه این طور نیستند.

اگر شما هر چیز را باور کنید، در دنیای بیرون از آن بیشتر خواهید دید. تلاش کنید به چیزهایی که دوست دارید بیشتر توجه کنید تا از آن بیشتر ببینید.

انسان ماشین اثبات باورهایش است. آنتونی رابینز

باور به ناتوانی در انجام دادن بعضی کارها، خطرناک‌ترین باور دنیاست که می‌تواند شما را به نابودی بکشاند. آنتونی رابینز

ما باورهایی داریم که به ما اجازه نمی‌دهند یک سری از کارها را انجام دهیم؛

یعنی ما باور کردیم که از عهده بعضی کارها برنمی‌آییم و درنتیجه هرگز دست به اقدام هم نمی‌زنیم.

بعضی افراد مدام خود را با افراد موفق مقایسه می‌کنند و می‌گویند: او با من فرق دارد، او پدرش پولدار بود، او خوش‌شانس بود، او تحصیلات بالایی داشت، خانواده‌اش از او حمایت کردند و هزاران دلیل می‌آورد تا هیچ کاری نکند. درواقع او به باورهایش عمل می‌کند و تا زمانی که نخواهد آگاهانه باورهایش را تغییر دهد، به همین روال زندگی را خواهد گذراند.

هیچ محدودیتی در زندگی وجود ندارد، تنها محدودیتی که وجود دارد همان محدودیتی است که در ذهنمان تعریف کرده‌ایم. فقر و ثروت هردو نشأت گرفته از ذهن ما هستند. ناپلئون هیل

مطلب خیلی مهمی که اکثر مردم نمی‌دانند این است که تمام اتفاقات و شرایطی که در زندگی ما رخ می‌دهد، حتی کسانی که وارد زندگی ما می‌شوند، یا حتی ایده‌هایی که به ذهن ما می‌رسد، همه و همه از باورهای ما نشأت می‌گیرند. بسیاری از مردم این موضوع را یا نمی‌دانند و یا نمی‌توانند بپذیرند و دقیقاً به همین دلیل نه افراد شادی هستند و نه می‌توانند ثروتمند شوند.

باورها چگونه به وجود می‌آیند؟

باورها تا ۷ سالگی در ذهن انسان می‌نشینند و تا پایان عمر تمام رفتارهای انسان را کنترل می‌کنند، مگر اینکه بخواهیم آگاهانه آن‌ها را تغییر دهیم. باورها از راه‌های مختلفی به ذهن ما وارد می‌شوند، این راه‌ها عبارت‌اند از:

۱. خانواده

۲. اجتماع

۳. رسانه‌هایی مثل تلویزیون، رادیو، ماهواره، روزنامه‌ها

۴. مدرسه و دانشگاه

۵. شکست‌های کاری یا عاطفی

۶. دوستان و حرف‌های مردم

۷. باورهای عقلی و منطقی

۸. باورهای عینی

بسیاری از باورهای ما تحت تأثیر حرف‌های کسانی هست که بیشترین معاشرت را با آن‌ها داریم. مخصوصاً دوستان یا خانواده و فامیل. تصور کنید شما با دوستانتان همیشه درباره اینکه دختر خوب وجود ندارد و یا پسر خوب وجود ندارد و یا درباره خیانت همیشه صحبت می‌کنید و کم‌کم به این باور می‌رسید که دیگر نمی‌شود به کسی اعتماد و اطمینان کرد و همین باعث می‌شود نگرش شما به آدم‌های اطرافتان تغییر کند و جهان ناچار است از آنچه که شما باور کرده‌اید را بیشتر به شما نشان دهد و شما در مداری قرار می‌گیرید که فقط حرف از طلاق و خیانت و بی‌اعتمادی است و این‌گونه باور اینکه دیگر آدم مورد اعتماد وجود ندارد در شما شکل می‌گیرد.

چگونه باورهای محدودکننده خود را پیدا کنیم؟

اولین قدم برای بهبود باورها و پیدا کردن آن‌ها پرسیدن سؤال است؛ یعنی ما برای هر کاری که می‌خواهیم انجام دهیم، از خودمان بپرسیم چه چیزی مانع از انجام دادن این کار می‌شود؟ چرا من نمی‌توانم شروع کنم؟ چه موانعی وجود دارند؟ هر جوابی که به این سؤال‌ها بدهید، مشخص می‌کند

باور محدودکننده شما چیست.

تکنیک سؤال کردن همیشه جواب می‌دهد. لیست جواب‌های خود را تهیه کنید و نگه دارید. در ادامه نحوه از بین بردن این باورهای محدودکننده و مخرب را به شما خواهم گفت. باید به‌تدریج باورهای مثبت و جدید را جایگزین باورهای قدیمی کنید.

باورهای مثبت را چگونه ایجاد کنیم؟

اولین کاری که ما باید انجام دهیم کنترل ورودی‌های ذهن است. بیشتر ورودی‌های ذهن از دیدن و گوش کردن است و ما باید کنترل ورودی‌ها را در اختیار خودمان بگیریم و ورودی‌های جدید و سالم به ذهن خودمان بدهیم. این راهکارهایی که پیشنهاد می‌کنم بسیار مؤثر خواهد بود.

۱. تلویزیون را خاموش کنید.

اولین چیزهایی را که باید از زندگی خود حذف کنید تلویزیون و رسانه‌های اجتماعی است. بیشتر ورودی‌های مخرب از همین منابع است. آنچه از فیلم‌ها درباره قتل و شکست عشقی و ناکامی‌ها و فقر و دزدی و زندان و مرگ و بیماری و مواد مخدر و سقوط هواپیما و سیاست‌های غلط و جنگ و گرسنگی و هزاران چیز دیگری که تماشا می‌کنید، در ذهن شما نقش می‌بندد و باورهای مخرب شما را می‌سازد.

این امر باعث شده تا مردم هر روز بیشتر عصبی‌تر و فقیرتر شوند. اگر خوب دقت کنید می‌بینید که افراد فقیر تمایل بیشتری برای استفاده از شبکه‌های اجتماعی مثل تلگرام و اینستاگرام و واتساپ و تلویزیون و ماهواره را دارند. افراد ثروتمند بیشتر وقت خود را به خواندن کتاب می‌گذرانند. آن‌ها اغلب ایده‌های خود را از کتاب‌ها پیدا می‌کنند.

۲. از افرادی که ذهنیت منفی دارند فاصله بگیرید.

از افراد منفی گرا کیلومترها فاصله بگیرید. آن‌ها حتی برای راه‌حل‌ها مشکل پیدا می‌کنند. شاید اطراف شما هم پر باشد از کسانی که مدام گله و شکایت می‌کنند و از همه‌چیز می‌نالند. آن‌ها جز غر زدن و مقصر دانستن بقیه برای بدبختی خودشان هیچ کار دیگری بلد نیستند. نه بحث کنید با آن‌ها تا متقاعدشان کنید و نه تلاش کنید که مثبت فکر کنند، چون فقط انرژی خود را هدر می‌دهید. هرکسی در پی یافتن چیزی باشد خودش با اشتیاق دنبال آن می‌رود.

شما باید کم‌کم شروع کنید به مثبت اندیشی و آگاهانه افکار خود را نظاره‌گر باشید. سعی کنید که جنبه مثبت هر چیز را ببینید. اوایل کمی سخت به نظر می‌رسد ولی کم‌کم یاد می‌گیرید. مثبت اندیشی مثل نور کوچکی است که آرام‌آرام بیشتر و بزرگ‌تر می‌شود و زندگی شما را روشن می‌سازد.

۳. از بحث‌های سیاسی اجتناب کنید.

یکی دیگر از اشتباهات بزرگی که اغلب مردم انجام می‌دهند این است که با هم درباره سیاست و سیاستمداران ساعت‌ها بحث می‌کنند و درنهایت همگی با دلخوری از هم جدا می‌شوند. صحبت از اشتباهات سیاستمداران و دولتمردان چه کمکی به شما می‌کند؟ فقط باعث ناراحتی و نارضایتی بیشتری می‌شود. اگر جمعی هستید که درباره سیاست یا هر مسئله دیگری که شما دوست ندارید صحبت می‌کنند، می‌توانید از تکنیک تغییر صحبت استفاده کنید؛ یعنی می‌توانید حرفی بزنید و مسیر صحبت را عوض کنید. مثلاً بگویید: دیروز رفته بودی خونه مامان اینا؟ یا بگید راستی نتیجه فوتبال چی شد؟ یا بگید هفته پیش جمعه رو کجا رفتید؟

و هزاران سؤال دیگه که می‌توانید بپرسید و مسیر صحبت را تغییر دهید.

زمانی که شما این سؤال‌ها رو می‌پرسید حافظه طرف مقابل شما، برای چند لحظه از موضوع بحث قبل پاک می‌شود و شما در این لحظه می‌توانید موضوع دلخواه خود را روی چرخه صحبت بیندازید.

چگونه باورهای محدودکننده خود را تغییر دهیم؟

باورهای ما یک‌شبه یا در طی چند روز به وجود نیامده‌اند. این باورها حاصل تفکرات و صحبت‌ها و ورودی‌هایی است که آگاهانه یا ناآگاهانه به ذهن ما رسوخ کرده و شکل گرفته‌اند.

اهرم رنج و لذت

یکی از قدرتمندترین تمرین‌ها برای از بین بردن باورهای محدودکننده اهرم رنج و لذت است؛ یعنی همیشه ما از یک رنج فرار می‌کنیم تا به یک لذت برسیم. به‌طور مثال ما کی آب می‌خوریم؟ زمانی که نخوردن آب برایمان رنج‌آور باشد و تشنگی برایمان رنج به‌حساب می‌آید و از تشنگی فرار می‌کنیم و به سمت خوردن آب که لذت‌بخش است می‌رویم. حالا کاری که ما در اهرم رنج و لذت می‌کنیم دقیقاً همین است؛ که باید کاری را انقدر برای ذهنمان رنج‌آور جلوه کنیم تا به سمت لذت برویم. برای اهرم رنج و لذت ۲۱ روز زمان بگذارید و هر دفعه چند تا از باورهای خود را با باورهای جدید جایگزین کنید.

به‌طور مثال بگویید: نداشتن پول رنج است و رسیدن به پول لذت است.

نداشتن رابطه خوب رنج است و داشتن همسر خوب لذت است.

نداشتن کار رنج است و داشتن کارهای با درامد عالی لذت است.

برای تغییر باورهای محدودکننده روش‌های زیر را می‌توانید امتحان کنید.

۱. استفاده از عبارت‌های تأکیدی و تلقین: شما با تکرار هرروزه و منظم عبارت‌های تأکیدی مثبت، به مرور زمان باورهای محدودکننده خود را با باورهای درست جایگزین می‌کنید. اگر دنبال عبارت‌های تأکیدی مناسب هستید، لطفاً به سایت ما مراجعه کنید و فایل صوتی و PDF آن را تهیه کنید و استفاده بفرمایید. هر روز فایل‌های صوتی از عبارت‌های تأکیدی را گوش دهید.

۲. استفاده از الگو: مطالعه زندگی‌نامه افراد موفق به شما کمک می‌کند که دوباره ذهن خود را برنامه‌ریزی کنید و باورهای مخرب خود را دور بریزید. برای راحتی کار شما عزیزان فایل بی‌نظیری از افراد موفق جهان را آماده کرده‌ایم که در سایت موجود است. این فایل برای اولین بار در دنیا توسط ما آماده شده است و زندگی‌نامه بیش از ۱۸۰ نفر از افراد موفق دنیا را همراه با کتاب‌هایشان معرفی کرده‌ایم. مراجعه بفرمایید و تهیه کنید.

۳. کنترل ورودی‌های ذهنی: استفاده آگاهانه از فیلم‌ها، برنامه‌های تلویزیونی و انتخاب صحیح هم‌نشینان و دوری از افرادی با ذهنیت منفی.

۴. شرطی‌سازی: با استفاده از این تکنیک می‌توانید باورهای مثبت را جایگزین باورهای منفی کنید.

۵. تجسم خلاق: از روش‌های بسیار قدرتمند برای تغییر باورها، تجسم خلاق می‌باشد؛ اما اکثر مردم فکر می‌کنند که کار بیهوده‌ای است. ولی شما در طول روز وقت بگذارید و به آرزوهایتان بیندیشید.

یادتون باشه باورها مثل فنر هستند، شما می‌کشید ولی باز آن‌ها تمایل دارند تا به شکل اولیه خود برگردند. باید انقدر ادامه دهید تا باورهای جدید جایگزین باورهای مخرب شود؛ و شما یک سال نیاز دارید تا این اتفاق

بیفتد. چون آن‌ها در طول سال‌ها به وجود آمده‌اند بسیار قدرتمند هستند ولی یادتان باشد که شما از باورهایتان قدرتمند هستید. پس با قدرت ادامه دهید.

باورها همه‌چیز ما هستند. انقدر باورها قدرتمند هستند که با تغییر دادنشان همه‌چیز تغییر می‌کند؛ اما نکته مهم این است که ما این باورها را خودمان انتخاب نکرده‌ایم. ما حتی دین خودمان را هم خودمان انتخاب نکرده‌ایم. ما در هر سرزمینی به دنیا آمدیم، باورهای آنجا را هم پذیرفتیم.

بیشترین تأثیر باورها از خانواده شکل می‌گیرد. اگر شما در خانواده فقیری به دنیا آمده باشید، به‌احتمال‌زیاد اوضاع مالی خوبی ندارید. اگر در خانواده‌ای به دنیا آمده‌اید که روابط عاطفی خوبی ندارند، به‌احتمال خیلی زیاد شما هم رابطه خوبی را تجربه نخواهید کرد. شما شبیه والدینتان می‌شوید. اگر در خانواده‌ای به دنیا آمده‌اید که اکثر مواقع بیمار بوده‌اند، به‌احتمال‌قوی شما نیز بیمار هستید. یا اگر والدین شما وسواس داشته باشند، به‌احتمال بسیار زیاد شما نیز وسواس خواهید داشت.

بیشتر افرادی که مدام اخبار جنگ و فقر و زلزله و گرانی و تورم و بیماری‌های مختلف را پی‌گیری می‌کنند، با ترسو هراس و ناراحتی و تشویش و اضطراب زندگی می‌کنند. این افراد معمولاً زندگی شادی ندارند. ولی کسانی که مثبت اندیش هستند و هر روز سپاسگزار خداوند هستند، به‌طور اعجاب‌آوری زندگی شاد و سالم‌تری را تجربه می‌کنند.

بسیاری از افراد می‌گویند: ما که نمی‌توانیم مثل کبک سرمان را زیر برف کنیم و واقعیت‌های زندگی را ندید بگیریم.

در جواب باید بگویم شما به چیزهایی که دوست دارید در زندگی‌تان اتفاق بیفتد توجه کنید.

نکته طلایی: شما به هر چیزی که توجه کنید، آن را به زندگی خود دعوت می‌کنید.

حالا انتخاب با شماست. می‌توانید به فقر و درگیری و دعوا و جنایت و دزدی و گرانی و جنگ و زلزله توجه کنید و آن‌ها را تجربه کنید یا به فراوانی و برکت و وفور و نعمت توجه کنید و آن‌ها را تجربه کنید.

خودآگاه و ناخودآگاه

در یک تحقیق جهانی زیگموند فروید (پدر علم روانشناسی) و شاگردانش آزمایشی را روی صدها نفر انجام دادند و نتایج یکسانی را به دست آوردند.

او متوجه عامل بسیار مهمی در ذهن افراد شد. این عمل را ناخودآگاه هوشمند نام‌گذاری کرد. او مشاهده کرد که تمام کارهایی را که ما در طول روز انجام می‌دهیم توسط یکی از این عامل‌ها کنترل می‌شود. او در کمال تعجب متوجه شد که ناخودآگاه ۹۵ در صد از رفتار ما را در کنترل خود دارد و تنها ۵ درصد از آن تحت کنترل خودآگاه هست.

او ذهن را کوه یخ شناور بر روی آب تشبیه کرد. قسمتی که ما بر روی آب می‌بینیم ذهن خودآگاه است که فقط ۵ درصد کل کوه یخ است و قسمت عمده آن که حجم اصلی کوه یخ است و ضمیر ناخودآگاه ما را تشکیل می‌دهد زیر آب است. اگر دقت کنید می‌بینید که هر روز صبح بدون اینکه ما هیچ فکری بکنیم از خواب بیدار می‌شویم و یک سری از کارها را به‌صورت اتومات انجام می‌دهیم. یک سری از کارهای تکراری. مثل شستن دست و صورت، خوردن صبحانه. تمیز کردن منزل، رفتن به سر کار و بیشتر کارهایمان را به‌صورت خودکار انجام می‌دهیم. درواقع تمام این کارها را ضمیر ناخودآگاه ما انجام می‌دهد.

بیشتر این کارها را ما بلد نبودیم و این‌قدر تکرار کردیم تا یاد گرفتیم. مثل راه رفتن، غذا خوردن، رانندگی کردن، دوچرخه‌سواری، صحبت کردن. حالا متوجه شدیم که برای اینکه کاری را بدون زحمت انجام دهیم باید انقدر تکرار کنیم تا وارد ضمیر ناخودآگاه ما شود.

اکنون می‌دانیم که برای انجام دادن هر کاری که بخواهیم به‌راحتی انجام دهیم بایدان را وارد ضمیر ناخودآگاه کنیم تا به سهولت و بدون گرفتن انرژی به‌صورت خودکار انجام شود. برای این کار دو مرحله را باید انجام دهیم. اول اینکه ورودی‌های جدید به ذهنمان بدهیم و دوم اینکه تمرین و تکرار داشته باشیم تا ضمیر ناخودآگاه ما تربیت شود. برای ورودی‌های جدید می‌توانید از دوره‌های ما که در سایت قراردادهایم استفاده کنید و بیوگرافی افراد موفق را بخوانید و دوره‌ها را به‌طور مرتب هر روز ۳ ساعت گوش کنید و از عبارت‌های تأکیدی استفاده کنید و یک تمرین بسیار مهم هم برای شما داریم که همین‌الان باید به مخاطبین گوشی خود نگاه کنید و تمام افرادی که ذهنیت منفی دارند را از لیست خود حذف کنید. برای موفق شدن نیاز به دوست شدن و هم‌نشینی با افراد موفق و مثبت اندیش دارید. یادتان باشد باید تمرینات را انجام دهید تا نتیجه بگیرید.

قلب جایگاه پیام الهی و درک فرکانس خداست.

راستی منظور خداوند از اینکه می‌فرماید: ما بر قلب‌های گمراهان مهر خاموشی زدیم چیست؟

در چندین آیه چنین می‌فرماید:

■ و آنچه در قلب‌های شماست خدا می‌داند و خدا همواره دانای بردبار

است.

■ كَذَٰلِكَ يَطْبَعُ اللَّهُ عَلَى قُلُوبِ الَّذِينَ لَا يَعْلَمُونَ: این گونه خدا بر قلب‌های کسانی که نمی‌اندیشند، مهر خاموشی می‌نهد. (الروم ۵۹)

■ أَفَلَا يَتَدَبَّرُونَ الْقُرْآنَ أَمْ عَلَىٰ قُلُوبٍ أَقْفَالُهَا: آیا به آیات قران نمی‌اندیشند یا بر قلب‌هایشان قفل‌هایی نهاده شده است. (محمد ٢٤)

■ لَا يَزَالُ بُنْيَانُهُمُ الَّذِي بَنَوْا رِيبَةً فِي قُلُوبِهِمْ إِلَّا أَنْ تَقَطَّعَ قُلُوبُهُمْ ۗ وَاللَّهُ عَلِيمٌ حَكِيمٌ: پیوسته بنیادی که بنا گذاشته‌اند، در قلب‌هایشان شک و شبه برمی‌انگیزد تا آن زمان که قلب‌هایشان پاره و پراکنده شود (تغییر کند)؛ و خداوند دانای فرزانه است. (۱۱۰ توبه)

■ أَفَلَمْ يَسِيرُوا فِي الْأَرْضِ فَتَكُونَ لَهُمْ قُلُوبٌ يَعْقِلُونَ بِهَا أَوْ آذَانٌ يَسْمَعُونَ بِهَا فَإِنَّهَا لَا تَعْمَى الْأَبْصَارُ وَلَكِنْ تَعْمَى الْقُلُوبُ الَّتِي فِي الصُّدُورِ: آیا در زمین گردش نکرده‌اند تا قلب‌هایی داشته باشند که با آن بیندیشند، یا گوش‌هایی که با آن بشنوند. در حقیقت چشم‌ها کور نیست لیکن قلب‌هایی که در آن سینه‌هاست کور است. (الحج ٤٦)

■ وَلَقَدْ ذَرَأْنَا لِجَهَنَّمَ كَثِيرًا مِنَ الْجِنِّ وَالْإِنْسِ لَهُمْ قُلُوبٌ لَا يَفْقَهُونَ بِهَا وَلَهُمْ أَعْيُنٌ لَا يُبْصِرُونَ بِهَا وَلَهُمْ آذَانٌ لَا يَسْمَعُونَ بِهَا أُولَئِكَ كَالْأَنْعَامِ بَلْ هُمْ أَضَلُّ أُولَئِكَ هُمُ الْغَافِلُونَ : قلب‌هایی دارند که با آن نمی‌فهمند و چشم‌هایی دارند که با آن نمی‌بینند و گوش‌هایی دارند که با آن نمی‌شنوند. آنان همانند چهار پایان بلکه گمراه‌ترند، آن‌ها همان غافل ماندگانند. (الاعراف ۱۷۹)

قلب جایگاه احساس است، یعنی این الهامات قلب و درک درونی، برای کسانی است که به احساس درونی خود گوش می‌کنند.

حتماً این تجربه را داشته‌اید که بعضی وقت‌ها دل‌شوره داشته‌اید و نگران

بوده‌اید و بعدازآن اتفاق بدی افتاده است. قلب اولین جایی است که متوجه اتفاقات بیرونی می‌شود. حالا می‌خواهیم درباره یکی دیگر از قانون‌ها به نام قانون احساس صحبت کنیم.

احساس خوب =اتفاقات خوب

آیه‌های زیادی در قران هست که درباره حزن نداشتن و غمگین نبودن صحبت می‌کند.

■ قُلْ بِفَضْلِ اللَّهِ وَبِرَحْمَتِهِ فَبِذَٰلِكَ فَلْيَفْرَحُوا هُوَ خَيْرٌ مِمَّا يَجْمَعُونَ: به فضل و رحمت خدا باید خوشحال شوند که این از تمام آنچه که گردآوری کرده‌اند بهتر است. (یونس ۵۸)

■ وَلَا تَهِنُوا وَلَا تَحْزَنُوا وَأَنْتُمُ الْأَعْلَوْنَ إِنْ كُنْتُمْ مُؤْمِنِينَ: و لا تهنوا و لا تحزنوا و انتم الاعلون ان کنتم مؤمنین (آل‌عمران ۱۳۹)

سست و غمگین نشوید، چراکه اگر ایمان داشته باشید، برترید.

■ وَلَا يَحْزُنْكَ الَّذِينَ يُسَارِعُونَ فِي الْكُفْرِ ۚ إِنَّهُمْ لَنْ يَضُرُّوا اللَّهَ شَيْئًا ۗ يُرِيدُ اللَّهُ أَلَّا يَجْعَلَ لَهُمْ حَظًّا فِي الْآخِرَةِ ۖ وَلَهُمْ عَذَابٌ عَظِيمٌ: و لا یحزنک الذین یسارعون فی الکفر انهم لن یضرواالله شیئا یرید الله الا یجعل لهم حظا فی الاخرة و لهم عذاب عظیم (آل‌عمران ۱۷۶)

کسانی که در کفر بر یکدیگر پیشی می‌گیرند، محزونت نکنند، چراکه هرگز زیانی به خدا نمی‌رسانند. خداوند می‌خواهد آن‌ها را در آخرت بی‌بهره گرداند و برایشان عذابی عظیم است.

■ يَا أَيُّهَا الرَّسُولُ لَا يَحْزُنْكَ الَّذِينَ يُسَارِعُونَ فِي الْكُفْرِ مِنَ الَّذِينَ قَالُوا آمَنَّا بِأَفْوَاهِهِمْ وَلَمْ تُؤْمِنْ قُلُوبُهُمْ ۛ وَمِنَ الَّذِينَ هَادُوا ۛ سَمَّاعُونَ لِلْكَذِبِ سَمَّاعُونَ

لِقَوْمٍ آخَرِينَ لَمْ يَأْتُوكَ ۖ يُحَرِّفُونَ الْكَلِمَ مِنْ بَعْدِ مَوَاضِعِهِ ۖ يَقُولُونَ إِنْ أُوتِيتُمْ هَٰذَا فَخُذُوهُ وَإِنْ لَمْ تُؤْتَوْهُ فَاحْذَرُوا ۚ وَمَنْ يُرِدِ اللَّهُ فِتْنَتَهُ فَلَنْ تَمْلِكَ لَهُ مِنَ اللَّهِ شَيْئًا ۚ أُولَٰئِكَ الَّذِينَ لَمْ يُرِدِ اللَّهُ أَنْ يُطَهِّرَ قُلُوبَهُمْ ۚ لَهُمْ فِي الدُّنْيَا خِزْيٌ ۖ وَلَهُمْ فِي الْآخِرَةِ عَذَابٌ عَظِيمٌ: (مائده ٤١)

ای پیامبر شتابندگان به کفر غمگینت نکنند که به زبان اظهار ایمان می‌کنند و در دل ایمان ندارند.

■ وَلَا يَحْزُنْكَ قَوْلُهُمْ ۘ إِنَّ الْعِزَّةَ لِلَّهِ جَمِيعًا ۚ هُوَ السَّمِيعُ الْعَلِيمُ (یونس ٦٥)

سخن آن‌ها محزونت نکند که عزت از ان خداست و او شنوای داناست.

■ وَاصْبِرْ وَمَا صَبْرُكَ إِلَّا بِاللَّهِ ۚ وَلَا تَحْزَنْ عَلَيْهِمْ وَلَا تَكُ فِي ضَيْقٍ مِمَّا يَمْكُرُونَ: واصبرو ما صبرک الا بالله ولا تحزن علیهم و لا تک فی ضیق مما یمکرون (نحل ۱۲۷)

صبر کن که صبر تو جز به توفیق خدا نیست و به خاطر آن‌ها غمگین مشو و از نیرنگ آنان دل‌تنگ مباش.

■ وَمَنْ كَفَرَ فَلَا يَحْزُنْكَ كُفْرُهُ ۚ إِلَيْنَا مَرْجِعُهُمْ فَنُنَبِّئُهُمْ بِمَا عَمِلُوا ۚ إِنَّ اللَّهَ عَلِيمٌ بِذَاتِ الصُّدُورِ

. (لقمان ۲۳)

کسی که کفر ورزد، کفرش تو را غمگین نکند، بازگشت همه به‌سوی ماست و ما آن‌ها را از اعمالی که انجام داده‌اند آگاه خواهیم کرد، زیرا خدا به اسرار دل‌ها آگاه است.

■ فَلَا يَحْزُنْكَ قَوْلُهُمْ ۘ إِنَّا نَعْلَمُ مَا يُسِرُّونَ وَمَا يُعْلِنُونَ (یس ٧٦)

بنابراین گفتار آن‌ها اندوهگینت نکند، ما آنچه را نهان و آشکار می‌دارند می‌دانیم.

■ إِنَّمَا النَّجْوَىٰ مِنَ الشَّيْطَانِ لِيَحْزُنَ الَّذِينَ آمَنُوا وَلَيْسَ بِضَارِّهِمْ شَيْئًا إِلَّا بِإِذْنِ اللَّهِ ۚ وَعَلَى اللَّهِ فَلْيَتَوَكَّلِ الْمُؤْمِنُونَ (مجادله ۱۰)

نجوا مسلماً کار شیطان است که می‌خواهد مؤمنان را محزون کند ولی جز به اذن خدا نمیتواند ضرری به آن‌ها برساند؛ بنابراین مؤمنان باید تنها بر خدا توکل کنند.

■ قُلْنَا اهْبِطُوا مِنْهَا جَمِيعًا ۖ فَإِمَّا يَأْتِيَنَّكُمْ مِنِّي هُدًى فَمَنْ تَبِعَ هُدَايَ فَلَا خَوْفٌ عَلَيْهِمْ وَلَا هُمْ يَحْزَنُونَ (بقره ۳۸)

گفتیم همگی از بهشت فرود آیید، پس چون از جانب من هدایتی بر شما آمد، آنان که از هدایت من پیروی کنند هرگز بیمناک و اندوهگین نخواهند شد.

■ إِنَّ الَّذِينَ قَالُوا رَبُّنَا اللَّهُ ثُمَّ اسْتَقَامُوا فَلَا خَوْفٌ عَلَيْهِمْ وَلَا هُمْ يَحْزَنُونَ (احقاف ۱۳)

آنان که گفتند پروردگارم خداست و آنگاه استقامت کردند، نه ترسی دارند و نه اندوهگین می‌شوند.

■ أَلَا إِنَّ أَوْلِيَاءَ اللَّهِ لَا خَوْفٌ عَلَيْهِمْ وَلَا هُمْ يَحْزَنُونَ (یونس ۶۲)

آگاه باش که دوستان خدا نه ترسی دارند و نه غمگین می‌شوند.

■ وَأَوْحَيْنَا إِلَىٰ أُمِّ مُوسَىٰ أَنْ أَرْضِعِيهِ ۖ فَإِذَا خِفْتِ عَلَيْهِ فَأَلْقِيهِ فِي الْيَمِّ وَلَا

تَخَافِي وَلَا تَحْزَنِي ۖ إِنَّا رَادُّوهُ إِلَيْكِ وَجَاعِلُوهُ مِنَ الْمُرْسَلِينَ

به مادر موسی وحی کردیم که او را شیر بده و چون بر جانش بیمناک شدی او را به دریا بینداز، نترس و اندوهگین مشو که ما او را به تو بازمی‌گردانیم و در سلک پیامبرانش می‌آوریم.

اگر می‌خواهید به هر آنچه که آرزو دارید برسید، باید اول بتوانید شاد باشید. شما با رسیدن به خواسته‌ها احساس شاد بودن را نخواهید داشت. باید همین الان از وضعیت کنونی خود راضی و شاد باشید تا به خواسته‌های خود برسید. چه بسیار افرادی که به همه‌چیز رسیده‌اند اما باز هم ناراحت و غمگین هستند، زیرا شاد بودن احساس درونی است که ربطی به داشتن امکانات و ثروت ندارد. پس شاد بودن را انتخاب کنید و هر روز سعی کنید به احساس بهتری برسید. این کلید رسیدن به خواسته‌هاست. خداوند در آیه‌های زیادی از بندگانش می‌خواهد تا غمگین نباشند و به فضل و رحمتش شاد باشند.

ثروت

تمام کسانی که نمی‌توانند ثروتمند شوند باور دارند که توی دنیا پول به‌اندازه کافی برای همه نیست؛ و یا باورهایی درباره ثروت دارند که محدودیت ساز شده است. مثلاً می‌گویند پول چرک کف دست است، ثروتمندان از راه‌های حلال ثروتمند نشده‌اند و یا ثروتمند شدن معنوی نیست و یا فقرا به خداوند نزدیک‌ترند. تمام این موارد موانع ذهنی شما هستند. اول ذهن خودتان را آماده ثروتمند شدن بکنید تا دنیا هم شرایط ثروتمند شما را فراهم کند کسانی که پول را دوست ندارند از ثروت بهره‌ای نمی‌برند. در دنیا بی‌نهایت

پول و ثروت وجود دارد چون خداوند بی‌نهایت است. از راه‌های بی‌نهایت می‌توان ثروتمند شد. شاید به ذهن ما نرسد ولی دلیل این نیست که وجود ندارد. فکر نکنید حتماً باید سخت کار کنید تا پولدار شوید. گاهی یک ایده ساده منجر به ثروتمند شدن کسی می‌شود. آیا هنوز هم فکر می‌کنید با کار زیاد و پشتکار باید ثروتمند شد

آیا کسی باور می‌کرد در یک روز بتوان حدود سه و نیم میلیارد تومن پول درآورد. اسنپ روزی همین‌قدر پول درمی‌آورد. ببینید ماهیانه چقدر می‌شود؟ می‌دانید چرا به ذهن کسی نمی‌رسد؟ یکی اینکه در مدار پایین‌تری قرار دارید و دیگر اینکه خود شما اصلاً باور نمی‌کنید بتوانید چنین پولی دربیاورید. اگر در مدار پایین باشید اگر بهترین ایده‌ها را هم به شما بدهند باز نمی‌توانید ثروتمند شوید. تمام مدارها باید به ترتیب طی شود.

کسانی سؤال می‌کنند که اگر ثروتمند شوند حتماً از خدا دور می‌شوند و یاغی می‌شوند؟ چه کسی چنین باوری را در شما به وجود آورده است. شما حتی پول نداشته باشید خانه خدا نمی‌توانید بروید. حالا چرا فکر می‌کنید ثروتمندان خدا را نمی‌شناسند. آیا کسی باور می‌کند که بیل گیتس انسان بدی هست و از خدا دور شده است. جایی دیدم نوشته بود ثروتمندان به خدا نزدیک‌ترند. از آن موقع وقتی به این جمله فکر می‌کنم احساس خوبی در من ایجاد می‌کند

رهبر کره شمالی یک جمله معروف دارد که می‌گوید ثروتمندی با شکوه است. تفاوت را هم می‌توانید بین دو کشور ببینید. کره جنوبی بسیار فقیر و کره شمالی ثروتمند است

اگر در خانواده‌ای بزرگ‌شده‌اید که از نظر مالی ضعیف بوده‌اید مطمئناً باورهای آنان روی شما تأثیر گذاشته است. مثلاً مادر من همیشه به اینکه

پدرم از صبح تا شب برای یک لقمه‌نان کار می‌کرد و زحمت می‌کشید افتخار می‌کرد. یک روز من به مادرم گفتم پس چرا بااین‌همه تلاش باز ما پول کافی نداریم. انگار کبریت به بشکه باروت زده باشی عصبانی شد و گفت باید قدر زحمات او را بدانید، او هر کاری از دستش برمی‌آید می‌کند سرنوشت ما همین است. باید راضی باشیم به رضای خدا. نمی‌دانم چرا نمی‌توانستم این حرف‌ها را بپذیرم. چرا باید سرنوشت ما همان می‌بود. احساس خیلی بدی داشتم.

این باور روی برادران من تأثیرش را گذاشت و من هر چه تلاش کردم نتوانستم الگوی ذهنی آن‌ها را عوض کنم. دلم برایشان می‌سوزد و دلم نمی‌خواهد آن‌همه تلاش کنند و در آخر مثل پدرم زندگی بخور نمیر داشته باشند. در صفحات قبل به شما گفتم که نباید با کسی بحث کنید. من هم بنا به این قانون با آن‌ها بحث نمی‌کنم و اجازه می‌دهم خودشان تصمیم بگیرند. تا کسی نخواهد نمی‌شود چیزی را به کسی تحمیل کرد

بسیار مهم است که خودتان خواهان تغییر باشید و خدا تمام دنیا را بسیج می‌کند تا شما را کمک کند. خودم به چشم خودم در زندگی خودم این موضوع را مشاهده کردم. خداوند در قرآن هم می‌فرماید ما سرنوشت هیچ قومی را تغییر نمی‌دهیم مگر اینکه آن‌ها خودشان را تغییر دهند. من شاهد عینی این آیه هستم. الحمدالله.

ثروتمندان بسیار مهربان هستند برخلاف آنچه در فیلم‌ها می‌بینید. چرا بعضی از شما وقتی ثروتمندان را می‌بینید به آن‌ها اهانت می‌کنید یا آن‌ها را دزد خطاب می‌کنید. اگر زمانی هم شما بخواهید ثروتمند شوید ذهن شما اجازه نخواهد داد. چون تصور می‌کند اگر ثروتمند شود حتماً آدم بدی خواهید شد و تلاش می‌کند شما را در همین منطقه امن نگه دارد. حتی اگر

نصف راه را هم رفته باشید ذهن شما کاری می‌کند که به نقطه اول برگردید کتاب زیاد مطالعه کنید. درباره ثروتمندان زیاد بخوانید تا ذهن شما برنامه‌ریزی شود و باورهای محدودکننده‌اش سست شود. از گرانی و کمبود و فقر به‌هیچ‌وجه صحبت نکنید. اول از نظر ذهنی خود را ثروتمند ببینید بعد از نظر فیزیکی هم به سمت ثروت خواهید رفت.

مهم‌ترین سؤالی که همه می‌پرسند این است که چگونه و از چه راهی ثروت به سمت آن‌ها می‌رود و چقدر طول می‌کشد. باید بگویم یکی اینکه نیازی نیست ما بدانیم از کجا ثروت به ما می‌رسد. همه ما به تعداد انگشتان دستمان راهی برای ثروتمند شدن داریم و وقتی راه دیگری پیدا نمی‌کنیم ناامید می‌شویم.

شما با چشمانتان منطقه محدودی را می‌بینید و خداوند به تعداد ستارگان آسمان راه‌حل برای مشکلات دارد. لطفاً به زمان‌بندی خدا هم اعتماد کنید، در زمان مناسب آنچه را خواسته‌اید به شما عطا می‌کند.

در هر شرایطی که هستید فقط تلاش کنید احساس خوبی داشته باشید و شرایط موجود را با صبر بگذرانید. اگر بتوانید صبر کنید احساس خوبی خواهید داشت، ولی اگر بی‌صبری کنید و بگویید من تحمل این وضعیت را ندارم، ارتعاش بدی می‌فرستید و از مقصد دور می‌شوید. اگر تلاشتان این باشد که لحظه‌به‌لحظه حواستان به افکارتان باشد تا مثبت فکر کند، بدانید دنیا در مشت شما خواهد بود

ناپلئون هیل می‌گوید: هیچ بشری تابه‌حال مجبور نشده است شکست بخورد، مگر اینکه اول خودش در ذهنش تسلیم‌شده است. این حقیقت بارها تکرار خواهد شد، زیرا بسیار آسان است که انسان با اولین نشانه شکست، کاملاً مغلوب شود. یک فرد بی‌اراده هرگز برنده نمی‌شود و یک فرد برنده

هرگز تسلیم نمی‌شود. توماس ادیسون قبل آر اینکه لامپ الکتریکی رشته‌ای را کامل کند، ده هزار بار شکست خورد. البته باید گفت شکست موقتی. در جوانی بسیار فرصت خوبی دارید تا پیشرفت کنید. چون پرانرژی هستید و شاداب و خلاق. اکثراً جوانان در چنین موقعیتی که باید بر اهداف خود

متمرکز شوند، دنبال خوش‌گذرانی و چت کردن و رابطه با جنس مخالف می‌گردند. تا بخواهند به خودشان بیایند می‌بینند فرصت‌های یادگیری و پیشرفت را ازدست‌داده‌اند. تنها سرمایه شما عمرتان است. ببینید برای چه کسی یا چه چیزی آن را خرج می‌کنید.

توکل

ایمان به خداوند متعال شما را از هر وابستگی نجات می‌دهد. از وابستگی به کار و پول و همسر و رئیس و پارتی و هر آنچه شما را از وابسته می‌کند. ایمان شما وقتی به مشکلات برمی‌خورید مشخص می‌شود. وقتی شروع به حرکت می‌کنید شیطان از هر راهی وارد می‌شود تا شما را ناامید کند. سؤال‌هایی را در ذهن شما به وجود می‌آورد که شما را قانع کند با توکل و ایمان کسی به‌جایی نمی‌رسد. ناامید که شدید کارتان تمام است

هرلحظه از خداوند هدایت بطلبید و از شر وسوسه‌های شیطان به خدا پناه ببرید. خداوند در قرآن می‌فرماید: شیطان در گوش شما نجوا می‌کند تا شما را ناامید کند. هر چیزی که باعث ناامیدی شما شود، نجوای شیطان است.

هر چه می‌خواهید از خدا بخواهید، ایمان داشته باشید که آن را به شما می‌دهد. خداوند امید امیدواران را ناامید نمی‌کند. این جمله را بنویسید و هر روز تا می‌توانید تکرار کنید تا در عمق جانتان نفوذ کند

هر روز، رزق خودتان را از خدا بخواهید و تنها او را منبع رزق خود بدانید.

عزت‌نفستان را به خاطر یک‌لقمه‌نان زیر پای هرکسی له نکنید. مثلاً اگر همسرتان فوت کرد بی‌تابی نکنید و ایمان داشته باشید که فقط همسرتان را ازدست‌داده‌اید. شما باید زندگی کنید و روزی شما دست خداست و از دست دیگری به شما می‌رساند. خداوند می‌فرماید: کسانی که تقوا داشته باشند، روزی‌شان را از جایی که گمان نمی‌کنند می‌رساند.

ازآنچه خداوند به شما می‌دهد ببخشید تا بیشتر دریافت کنید. اگر چیزی برای بخشش ندارید از وسایل یا لباس‌هایی که استفاده نمی‌کنید ببخشید. از دانشی که دارید ببخشید. لطفاً وسایلی را که نمی‌خواهید نفروشید. آن را به کسانی که نیاز دارند ببخشید و ببینید خداوند چگونه درهای رحمت و ثروت را به‌سوی شما باز می‌کند.

به خدا حسن ظن داشته باشید. خود خداوند می‌فرماید: من در نزد گمان بنده‌ام هستم. هر طور درباره من فکر کند همان‌گونه با او رفتار خواهم کرد از این قشنگ‌تر چه می‌خواهید. خدایی را باور کنید که بی‌نهایت بخشنده، بی‌نهایت مهربان، بی‌نهایت وهاب است. با خیال راحت به او تکیه کنید. البته با تکیه بر خداوند بر مردم هم مهربان باشید و تا می‌توانید به آن‌ها احترام بگزارید.

کسانی که به خاطر گناهان احساس ناامیدی می‌کنند، به رحمت خدا امیدوار باشند. خداوند تمام گناهان را می‌بخشد. خودتان هم خودتان را ببخشید. دوباره از هر جا هستید شروع کنید. چنان با خدا رفیق شوید که نیاز به رفاقت با هرکسی نداشته باشید. به خدا بدگمان نباشید و او را با عمق وجود دوست داشته باشید زیرا او شما را این‌چنین دوست دارد

اگر احساس ناراحتی می‌کنید از خداوند طلب بخشایش کنید و ایمان داشته باشید شما را می‌بخشد.

گاهی پیش می‌آید از دست افرادی مثل پدر و مادرتان یا فرزندانتان یا دوستان یا افرادی که به شما ظلمی کرده‌اند ناراحت هستید و نفرت عمیقی دارید. از شما می‌خواهم همه را ببخشید تا آرامش یابید. شاید آن افراد هرگز ندانند که شما آن‌ها را بخشیده‌اید ولی احساس آرامش را به زندگی خود می‌آورید. نفرت و انتقام و کینه مثل گره‌ای می‌ماند که در زندگی شماست. تا این گره را باز نکنید اتفاق خوبی برای شما نخواهد افتاد.

حتماً می‌گویید شما جای ما نیستید که بدانید چه ظلمی در حق ما کرده‌اند و قابل بخشایش نیست. اگر کاری را از شما می‌خواهم انجام دهید، آن را خودم قبلاً انجام داده‌ام. کسانی را بخشیده‌ام که سال‌ها از بخشیدن آن‌ها عاجز بودم؛ اما از وقتی فهمیدم که خدا همه گناهان را می‌بخشد و خدا از روح خودش در ما دمیده است، متوجه شدم که من هم می‌توانم ببخشم. بخشیدم و آرام شدم. اگر از اعماق قلبتان ببخشید اشک‌هایتان بر گونه‌هایتان جاری می‌شود. ببخشید تا معجزات خداوند را در زندگیتان ببینید.

((وین دایر نویسنده معروف کسی بود که سال‌ها پدرش را ندیده بود و پدرش آن‌ها را رها کرده و رفته بود. سال‌ها دنبال پدرش می‌گردد تا به او بگوید چقدر از او متنفر است. سالیان زیادی با نفرت پدرش زندگی می‌کند تا اینکه در حدود ۴۵ سالگی باخبر می‌شود که پدرش در شهر دوری فوت کرده است. بلیت می‌گیرد تا سر مزار پدرش برود و هر چه دلش می‌خواهد به او بگوید و نفرتش را به او نشان دهد. دکتر وین دایر نوشته است وقتی سر مزار پدرم رسیدم فقط توانستم گریه کنم. ساعت‌ها گریه کردم تا آرام شدم؛ و بعد می‌خواستم او را سرزنش کنم؛ اما دیدم که او چگونه در غربت تک‌وتنها مرده است و حتی کسی از خانواده نبوده تا او را دفن کند، دلم برایش سوخت. انگار دیگر نفرتی از او نداشتم. هیچ‌کس نمی‌خواهد با داشتن خانواده تنها

در غربت بمیرد. به او گفتم حتماً تو هم شرایط خوبی نداشتی که پیش ما نیامدی. تمام نفرتم از پدر تبدیل به عشق شد و برگشتم. از وقتی پدرم را بخشیدم درهای نعمت خداوند به رویم باز شد))

من که هر وقت این متن را می‌خوانم اشک از چشمانم سرازیر می‌شود. امیدوارم که شما هم بتوانید آنان که به شما ظلم کرده‌اند راه ببخشید. ببخشید تا خودتان آرامش یابید.

اگر شما نیز به کسی بدی کرده‌اید خودتان را ببخشید. مدام خود را سرزنش نکنید. اگر می‌توانید جبران کنید، این کار را بکنید و اگر نمی‌توانید برایش صدقه دهید. اشتباه از هرکسی سر میزند. فکر نکنید چون شما از اشتباهات مردم بی‌اطلاع هستید یعنی آن‌ها خطایی نکرده‌اند. همه ما اشتباه می‌کنیم تا کامل شویم. تلاش کنیم تا تکرار نکنیم

نزدیک‌ترین فرد به شما خداست. شما نمی‌توانید به خدا نزدیک شوید مگر اینکه با خدا باشید. خدا را عمق وجودتان درک کنید تا از هرکسی بی‌نیاز شوید. تا او نخواهد برگی از درخت نمی‌افتد. دنیا چنان نظمی دارد که هیچ چیز اتفاقی نیست. هیچ شانسی وجود ندارد. همه‌چیز در کنترل اراده اوست. از وقتی با قانون جذب آشنا شدم متوجه شدم این نظم بسیار کنترل‌شده است

دعا کنید. بسیار دعا کنید. دعا گفتگوی شما با خداست. بسیاری از من می‌پرسند اگر تقدیر ما نوشته‌شده است پس دعا به چه‌کارمان می‌آید. دکتر الهی قمشه‌ای می‌گوید: که دعا خروج از زمان است. وقتی شما دعا می‌کنید، به قبل از ابدیت و قبل از ازلیت می‌رود

یعنی شما آنجایی می‌روید که دارند برای شما می‌نویسند. دعا به قبل نوشتن تقدیر می‌رسد. دعا از زمان و مکان بیرون می‌رود. شما متصل می‌شوید به

ازل

آنجا دستور می‌دهند که آنچه برای شما نوشته‌شده تغییر کند. دعا بسیج کردن نیروهای درون است. درون ما نیروهایی است که شما وقتی دعا می‌کنید این نیروها جمع میشوند و بیماری را شفا می‌دهند و مشکلات را حل می‌کنند. نیروهای درون خودتان با مدد الهی بسیج می‌کنید.

خداوند می‌فرماید: دعا کنید تا اجابت کنم شما را. بسیاری از افراد را می‌بینم که شرط و شروط سختی را برای دعا کردن می‌گزارند. ولی من همیشه می‌گویم اجازه دهید مردم با زبان خودشان دعا کنند. هر طور با خدا راحت هستید همان‌طور دعا کنید.

اگر دعا می‌کنید باران ببارد با خودتان چتر ببرید؛ یعنی ایمان داشته باشید که شما را اجابت می‌کند. اگر هر چیزی به دلتان افتاد باور کنید که شما لیاقت دریافت آن را دارید. پس آرزوهای خودتان را با اعتماد به خدا دنبال کنید. به فضل خداوند شاد باشید که از هر آنچه جمع کرده‌اید برایتان بهتر است خودتان را آماده دریافت خواسته‌هایتان کنید. به کمک خداوند بیشتر از کمک هرکسی دل ببندید. همه‌چیز را از خودش بخواهید. اگر از همه دل ببرید آن‌وقت می‌بینید خداوند چگونه شما را با معجزاتش شگفت‌زده می‌کند. البته به حرف آسان است. ما به همه رو می‌زنیم و به همه التماس می‌کنیم وقتی ناامید شدیم در خانه خدا می‌رویم.

اگر کاری در توان شما نبود، آن را به خدا بسپارید تا احساس کنید باری از دوشتان برداشته‌شده است. شما تلاشتان را در زندگی بکنید و با آنچه در این کتاب آموختید کم‌کم باورهایتان را تغییر دهید تا به آنچه می‌خواهید برسید.

خدا تنها روزنه امیدی است که هیچ‌گاه بسته نمی‌شود. تنها کسی است که

با دهان بسته هم می‌توان صدایش کرد. با پای شکسته می‌توان سراغش رفت. تنها خریداری است که اجناس شکسته را بهتر می‌خرد. تنها کسی است که وقتی همه رفتند می‌ماند. وقتی همه پشت کردند آغوش می‌گشاید و تنها سلطانی است که دلش با بخشیدن آرام می‌گیرد نه با تنبیه کردن و انتقام...

خدا را مهربان و مشاوری پرقدرت ببینید. با او هرلحظه حرف بزنید و با همان زبان خودتان با او صحبت کنید. او منتظر است شما صدایش کنید. کل زندگیتان را با افکار خودتان گذراندید، این بار اجازه دهید او برایتان تصمیم بگیرد. خدا را رحمت خالص ببینید. رحمتش بر غضبش غلبه دارد. گفتگوهای درونی‌تان را با خدا شروع کنید. بگویید من فقط با یک نفر طرف هستم آن هم خداست

وقتی غذا می‌خورید او را کنارتان حس کنید. وقتی قدم می‌زنید او را صدا کنید. احساسش کنید. تو را به خدا احساسش کنید تا آرامش زندگیتان را پر کند. خدا را با قلبتان حس کنید. بهشت و جهنم را فراموش کنید. فقط به خودش فکر کنید. وقتی وجودتان به عطر او معطر شود تازه معنای زندگی را حس می‌کنید. آن خدای سخت‌گیری را که برایتان ساخته‌اند رها کنید و خدای دستگیر و مهربان را جایگزین کنید. اکثر کسانی را که با آن‌ها صحبت می‌کنم خدایی دارند که از او می‌ترسند. با خدایی که ترس را به جان تو می‌اندازد چه حرفی می‌شود زد. خدای مهربان را باور کنید تا آنقدر ثروت و مال به پایتان بریزد تا همه‌چیز را فراموش کنید و فقط خودش را بخواهید...

سلامتی

هر روز خدا را به خاطر سلامتی‌تان شکرگزاری کنید. راه می‌روید خدا را شکر کنید. غذا می‌خورید خدا را شکر کنید. می‌خوابید خدا را شکر کنید.

تصور کنید شب بخوابید و صبح بیدار شوید و ببینید همه‌جا تاریک است. اول شاید فکر کنید هوا هنوز تاریک است و یا برق رفته است. وقتی همه‌چیز را چک کردید و متوجه شدید دیگر قادر به دیدن نیستید چه حالی می‌شوید. تصور این موضوع تا اینجا آنقدر دردناک است که نیاز ندارد بقیه‌اش را بگویم. ببینید برای همین دو چشمتان چقدر باید از خدا تشکر کنید.

شکرگزاری هر چیز خوب را چند برابر می‌کند و هر چیزی را که کمی به شما احساس بدی بدهد تبدیل به احساس خوب می‌کند. یادتان هست که شکرگزاری بالاترین ارتعاش را دارد. اگر بیمار هستید به بیماری‌تان توجه نکنید. اگر درمان می‌کنید آن را ادامه دهید؛ اما تمام احساستان را روی سلامتی بگزارید تا بدن شما با سلامتی هماهنگ شود.

افرادی را می‌بینم که تا همدیگر را می‌بینند اول درباره بیماری که دارند یا مشکلاتشان شروع به صحبت می‌کنند. نه‌تنها بهتر نمی‌شوند بلکه احساس بد طرف مقابل را هم جذب می‌کنند

چرا وقتی با کسی شروع به صحبت می‌کنید درباره خوشی‌ها و چیزهایی که به شما احساس بهتری می‌دهد صحبت نمی‌کنید. این چه مرض واگیرداری است که همه ما به آن مبتلا هستیم. انگار دنبال کسی می‌گردیم تا بلاهای آسمانی که سرمان باریده را تعریف کنیم.

یا از زمانه گله و شکایت کنیم یا از گرانی یا از وضعیت بد جامعه. درباره هر چه ناخوشی هست و درباره هر چه دوست نداریم حرف می‌زنیم. این چه عادت بدی است که همه ما به آن مبتلا هستیم. هر روز گله و شکایت می‌کنیم بعد می‌گوییم چرا زندگی ما هر روز بدتر می‌شود. اگر شما تا اینجای کتاب را خوانده‌اید باید آخرین نفر باشید که این زنجیره معیوب، درد دل کردن و گله و شکایت را ادامه می‌دهید. از همین الان با خودتان عهد

ببندید که خود را ازاین‌گونه افراد جدا می‌کنید.

ورودی‌های ذهنتان را کنترل کنید. آنچه را که مثبت بود اجازه دهید به ذهن شما راه پیدا کند. عبارات تأکیدی مناسب درباره سلامتی پیدا کنید و هر روز آن را تکرار کنید. باورهای منفی را که درباره سلامتی دارید پیدا کنید و با باورهای جدید جایگزین کنید.

دوستی داشتم که هر بار بیمار می‌شد می‌گفتم به دکتر مراجعه کند اما او می‌گفت خودش خوب می‌شود و عجیب اینکه خوب هم می‌شد و البته الان دیگر برایم عجیب نیست چون می‌دانم که او باور داشت که خوب می‌شود و خوب می‌شد. من همیشه به کسانی که بیمار هستند می‌گویم به‌یک‌باره داروهایتان را قطع نکنید. اول روی باورهایتان کار کنید و وقتی آنقدر به خود مطمئن بودید که بدون دارو حال شما بهتر می‌شود کم‌کم می‌توانید با نظر پزشکتان آن را کم کنید و یا دیگر استفاده نکنید

من بر این عقیده‌ام که کسی پیر نمی‌شود مگر اینکه به روند پیری باور داشته باشد. همه ما باور داریم که مثلاً بیشتر از صدسال عمر نمی‌کنیم. چون این‌قدر دیده‌ایم که باور کرده‌ایم. حالا اگر ببینیم تعداد زیادی مثلاً صدوبیست سال عمر می‌کنند ما هم به این نتیجه می‌رسیم که ما هم می‌توانیم.

یادتان باشد واقعیات زندگی هر کس برحسب تجربیاتی که دارد ساخته می‌شود. مثلاً یکی از دوستانم می‌گوید تمام مردم بدحساب هستند و هر وقت پولی به کسی قرض می‌دهد جانش بالا می‌آید تا پولش را پس بگیرد. او اصرار دارد بگوید واقعیت این است که همه بدحساب هستند. ولی من معتقدم به هرکسی پولی را قرض دهم با روی خوش و در وقت مناسب پس می‌دهد؛ و واقعیت زندگی من این است که همه مردم خوش‌حساب هستند می‌بینید که دو تا تجربه مختلف دو واقعیت را خلق کرده است. پس اگر

چیزی در زندگی دارید که آن را واقعیت می‌نامید، بدانید، باورهایتان براثر تکرار یک موضوع شکل گرفته است و به‌راحتی با تغییر باورهایتان می‌توانید آن را تغییر دهید.

سؤال‌هایتان را عوض کنید تا زندگی‌تان تغییر کند. مثلاً اگر شما هر روز از خودتان بپرسید چرا من این‌قدر بدبختم، ذهن شما دنبال جواب‌هایی می‌گردد که به شما نشان دهد به این دلایل شما بدبخت هستید. یا اگر بپرسید چرا من این‌قدر احساس شادی می‌کنم ذهن شما چیزهایی را به شما نشان می‌دهد که احساس شادی کنید.

اصلاً همه اتفاق‌های خوب و بد از سؤال‌ها شروع می‌شود. فرض کنید همسر شما دیر به منزل می‌آید. اول از خودتان می‌پرسید لابد توی ترافیک مانده است. بعد می‌پرسید اگه در ترافیک مانده بود چرا تلفنش را جواب نداد. بعد تماس می‌گیرید و جواب نمی‌دهد. این بار می‌پرسید حتماً اتفاقی افتاده؛ و مدام سؤال می‌پرسید و ذهنتان جوابی برایش می‌سازد. مشکل زمانی شروع می‌شود که ذهن منفی‌بافی داشته باشید تا فقط به خاطر دیر کردن همسرتان جنجالی به پا کنید

اگر یاد بگیرید سؤال‌های درست بپرسید ذهن شما جواب‌های مناسبی هم به شما خواهد داد. مثلاً می‌توانید هر روز از خودتان بپرسید که من چه چیزهایی دارم که باید بابت آن خدا را شکر کنم؟ چرا من این‌قدر خوش‌شانسم؟ چرا من این‌قدر خوشبختم و هزاران سؤال مثبت دیگر. شاید همه‌ی این نعمت‌ها را نداشته باشید ولی کم‌کم ذهن شما جواب‌های شما را پیدا می‌کند.

جهان هوشمند است.

در ساختار ذرات هستی، هیچ چیزی اتفاقی رخ نمی‌دهد. همه‌چیز را خداوند

هدایت می‌کند.

ما فکر می‌کنیم که ذرات هستی جامد و بی‌جان و ساکن هستند، اما همه چیز در مقیاس‌های زیر اتمی و کوانتومی، زنده‌اند و در حال دریافت و ارسال اطلاعات به جهان هستی هستند. تمام آنچه در آسمان‌ها و زمین است در حال تسبیح خداوند هستند. درختان را نگاه کنید که چگونه دست‌هایش همیشه برای دعا رو به آسمان است. صدای تسبیح گنجشک‌ها را می‌شنوید؟ صدای تسبیح خروس را در صبحگاهان می‌شنوید؟ اگر گوش‌هایتان را بازکنید، صدای تسبیح تمام چیزها را می‌شنوید. دست‌هایتان را نگاه کنید، همیشه در حالت دعاست. شما نمی‌توانید حتی چند دقیقه کف دست‌هایتان را باز نگاه‌دارید، به‌سرعت دوباره به‌صورت حالت اولش برمی‌گردد تا دعا کند. همین الان دست‌هایتان را نگاه کنید. اگر حضور خدا را همه‌جا احساس کنید، دیگر احساس تنهایی نخواهید کرد. او همه‌جا حامی شماست.

بیایید به اهمیت آب در قرآن بپردازیم. آیا خداوند به هوشمندی آب اشاره دارد؟

■ يُسَبِّحُ لِلَّهِ مَا فِي السَّمَاوَاتِ وَمَا فِي الْأَرْضِ الْمَلِكِ الْقُدُّوسِ الْعَزِيزِ الْحَكِيمِ: آنچه در آسمان‌ها و زمین است تسبیح‌گوی خداوند است. (جمعه ۱)

■ همین آیه برای هوشمندی کل کیهان کافیست. همه ذرات در آسمان‌ها و زمین در مدح و ستایش خداوند در مسیر تکامل و مدار خویش هستند. آیا ذره‌ای که تسبیح می‌گوید هوشمند نیست؟

■ وَهُوَ الَّذِي خَلَقَ مِنَ الْمَاءِ بَشَرًا فَجَعَلَهُ نَسَبًا وَصِهْرًا ۗ وَكَانَ رَبُّكَ قَدِيرًا: و اوست که از آب، بشری آفرید. (الفرقان ۵۴)

■ يَا أَيُّهَا النَّاسُ إِنْ كُنْتُمْ فِي رَيْبٍ مِنَ الْبَعْثِ فَإِنَّا خَلَقْنَاكُمْ مِنْ تُرَابٍ ثُمَّ مِنْ نُطْفَةٍ ثُمَّ مِنْ عَلَقَةٍ ثُمَّ مِنْ مُضْغَةٍ مُخَلَّقَةٍ وَغَيْرِ مُخَلَّقَةٍ لِنُبَيِّنَ لَكُمْ ۚ وَنُقِرُّ فِي الْأَرْحَامِ مَا نَشَاءُ إِلَىٰ أَجَلٍ مُسَمًّى ثُمَّ نُخْرِجُكُمْ طِفْلًا ثُمَّ لِتَبْلُغُوا أَشُدَّكُمْ ۖ وَمِنْكُمْ مَنْ يُتَوَفَّىٰ وَمِنْكُمْ مَنْ يُرَدُّ إِلَىٰ أَرْذَلِ الْعُمُرِ لِكَيْلَا يَعْلَمَ مِنْ بَعْدِ عِلْمٍ شَيْئًا ۚ وَتَرَى الْأَرْضَ هَامِدَةً فَإِذَا أَنْزَلْنَا عَلَيْهَا الْمَاءَ اهْتَزَّتْ وَرَبَتْ وَأَنْبَتَتْ مِنْ كُلِّ زَوْجٍ بَهِيجٍ: و زمین خشکیده را می‌بینی و چون آب بر آن فرود آوردیم، به جنبش درمی‌آید و نمو میکند و از هر نوع روییدنی نیکو می‌رویاند. (الحج ۵)

■ أَوَلَمْ يَرَ الَّذِينَ كَفَرُوا أَنَّ السَّمَاوَاتِ وَالْأَرْضَ كَانَتَا رَتْقًا فَفَتَقْنَاهُمَا ۖ وَجَعَلْنَا مِنَ الْمَاءِ كُلَّ شَيْءٍ حَيٍّ ۖ أَفَلَا يُؤْمِنُونَ: آیا کسانی که کفر ورزیدند ندانستند که آسمان‌ها و زمین هر دو به‌هم‌پیوسته بودند و ما آن دو را از هم جدا ساختیم - اشاره به بیگ بنگ -و هر چیز زنده‌ای را از آب پدید اوردیم. آیا باز هم ایمان نمی‌آورند. (الانبیاء ۳۰)

■ الَّذِي جَعَلَ لَكُمُ الْأَرْضَ مَهْدًا وَسَلَكَ لَكُمْ فِيهَا سُبُلًا وَأَنْزَلَ مِنَ السَّمَاءِ مَاءً فَأَخْرَجْنَا بِهِ أَزْوَاجًا مِنْ نَبَاتٍ شَتَّىٰ: همان کسی که زمین را برایتان گهواره‌ای ساخت و برای شما دران راه‌ها را ترسیم کرد و از اسمان آبی فرود آورد پس به‌وسیله آن رستنی های گوناگون جفت‌جفت بیرون آوردیم. (طه ۵۳)

■ أَوَلَمْ يَرَوْا أَنَّا نَسُوقُ الْمَاءَ إِلَى الْأَرْضِ الْجُرُزِ فَنُخْرِجُ بِهِ زَرْعًا تَأْكُلُ مِنْهُ أَنْعَامُهُمْ وَأَنْفُسُهُمْ ۖ أَفَلَا يُبْصِرُونَ: آیا ننگریسته‌اند که ما باران را به‌سوی زمین بایر میرانیم و به‌وسیله ان کشته‌ای را برمی‌آوریم که دام‌هایشان و خودشان از آن می خورند، مگر نمی‌بینند. (السجده ۲۷)

■ وَفِي الْأَرْضِ قِطَعٌ مُتَجَاوِرَاتٌ وَجَنَّاتٌ مِنْ أَعْنَابٍ وَزَرْعٌ وَنَخِيلٌ صِنْوَانٌ وَغَيْرُ صِنْوَانٍ يُسْقَىٰ بِمَاءٍ وَاحِدٍ وَنُفَضِّلُ بعضها عَلَىٰ بَعْضٍ فِي الْأُكُلِ ۚ إِنَّ فِي ذَٰلِكَ لَآيَاتٍ لِقَوْمٍ يَعْقِلُونَ: و در زمین قطعاتی است کنار هم و باغهایی

از انگور و کشتزارها و درختان خرما چه از یک ریشه و چه از غیر یک ریشه که با یک آب سیراب می‌گردند اما برخی از آن‌ها را در میوه بر برخی دیگر برتری می‌دهیم، بی‌گمان در این برای مردمی که تعقل می‌کنند دلایل است. (الرعد ٤)

■ أَفَرَأَيْتُمُ الْمَآءَ الَّذِي تَشْرَبُونَ. أَأَنتُمْ أَنزلْ تمُوهُ مِنَ الْمُزْنِ أَمْ نَحْنُ الْمُنزِلُونَ. لَوْ نَشَآءُ جَعَلْنَاهُ أُجَاجاً فَلَوْلَا تَشْكُرُونَ: آیا آبی را که می‌نوشید دیده‌اید؟ آیا شما آن را از ابر سفید فرود آورده‌اید یا ما فرود آورنده‌ایم؟ اگر بخواهیم‌مان را تلخ می‌گردانیم پس چرا سپاس نمی‌دارید؟ (٦٨ تا ٧٠ الواقعه)

■ وَتَحْسَبُهُمْ أَيْقَاظًا وَهُمْ رُقُودٌ وَنُقَلِّبُهُمْ ذَاتَ الْيَمِينِ وَذَاتَ الشِّمَالِ وَكَلْبُهُمْ بَاسِطٌ ذِرَاعَيْهِ بِالْوَصِيدِ لَوِ اطَّلَعْتَ عَلَيْهِمْ لَوَلَّيْتَ مِنْهُمْ فِرَارًا وَلَمُلِئْتَ مِنْهُمْ رُعْبًا: و برای آنان زندگی دنیا را مثل بزن که مانند آبی است کهان را از آسمان فرو فرستادیم (الکهف ۱۸)

■ وَإِنَّ لَكُمْ فِي الْأَنْعَامِ لَعِبْرَةً نُسْقِيكُمْ مِمَّا فِي بُطُونِهِ مِنْ بَيْنِ فَرْثٍ وَدَمٍ لَبَنًا خَالِصًا سَائِغًا لِلشَّارِبِينَ: و خدا از آسمان آبی فرو آورد و با آن زمین را پس از پژمردنش زنده گردانید، قطعاً در این برای مردمی که شنوایی دارند نشانه‌ای است. (النحل ٦٦)

■ وَأَرْسَلْنَا الرِّيَاحَ لَوَاقِحَ فَأَنْزَلْنَا مِنَ السَّمَاءِ مَاءً فَأَسْقَيْنَاكُمُوهُ وَمَا أَنْتُمْ لَهُ بِخَازِنِينَ: و بادها را باردار کننده فرستادیم و از آسمان آبی نازل کردیم پس شما را بدان سیراب نمودیم و شما خزانه‌دار آن نیستید. (الحجر ۲۲)

آیه‌های نعمت

خداوند در آیه‌های متعدد نعمت‌های خود را بر بندگانش یادآوری می‌کند تا به ما بگوید که با یادآوری نعمت‌ها آن را گسترش دهند. شکرگزاری یکی از الطاف خداوندی است که به ما ظرفیت داشتن نعمت را افزایش می‌دهد. یادآوری نعمت‌ها باعث شادی دل می‌شود و انسان هرلحظه متوجه این موضوع می‌شود که از همه‌چیز در دنیا فراوان هست و نگران چیزی نمی‌شود. خدا را هرلحظه شکر کنید تا معجزات خداوند مهربان را ببینید.

■ يَا أَيُّهَا الَّذِينَ آمَنُوا اذْكُرُوا نِعْمَتَ اللَّهِ عَلَيْكُمْ إِذْ هَمَّ قَوْمٌ أَنْ يَبْسُطُوا إِلَيْكُمْ أَيْدِيَهُمْ فَكَفَّ أَيْدِيَهُمْ عَنْكُمْ ۖ وَاتَّقُوا اللَّهَ ۚ وَعَلَى اللَّهِ فَلْيَتَوَكَّلِ الْمُؤْمِنُونَ: ای کسانی که ایمان آورده‌اید نعمت خداوند را بر خودتان یاد کنید (مائده ۱۱)

■ فَبِأَيِّ آلَاءِ رَبِّكَ تَتَمَارَىٰ: در کدامیک از نعمت‌های پروردگارت تردید داری؟(نجم ۵۵)

■ نِعْمَةً مِنْ عِنْدِنَا ۚ كَذَٰلِكَ نَجْزِي مَنْ شَكَرَ: این نعمتی بود از ناحیه ما، این‌گونه هرکسی را شکر کند پاداش می‌دهیم. (قمر ۳۵)

■ فَبِأَيِّ آلَاءِ رَبِّكُمَا تُكَذِّبَانِ: پس کدامین نعمت‌های پروردگارتان را تکذیب می‌کنید؟ (۱۳ الرحمن)

■ إِنَّ الْأَبْرَارَ لَفِي نَعِيمٍ: به یقین، نیکان در نعمتی فراوان‌اند. (۱۳ انفطار)

■ إِنَّ الْأَبْرَارَ لَفِي نَعِيمٍ: مسلماً نیکان در انواع نعمت‌اند. (۲۲ المصففین)

■ وَأَمَّا بِنِعْمَةِ رَبِّكَ فَحَدِّثْ: و نعمت‌های پروردگارت را بازگو کن (۱۱ ضحی)

■ إِنَّ الْإِنْسَانَ لِرَبِّهِ لَكَنُودٌ: انسان در برابر نعمت‌های پروردگارش بسیار ناسپاس است. (٦ عادیات)

■ وَنَعْمَةٍ كَانُوا فی‌ها فَاكِهِينَ: و نعمت‌های فراوان دیگری که دران غرق

بودند. (۲۷ دخان)

■ يَا أَيُّهَا الَّذِينَ آمَنُوا اذْكُرُوا نِعْمَةَ اللَّهِ عَلَيْكُمْ إِذْ جَاءَتْكُمْ جُنُودٌ فَأَرْسَلْنَا عَلَيْهِمْ رِيحًا وَجُنُودًا لَمْ تَرَوْهَا ۚ وَكَانَ اللَّهُ بِمَا تَعْمَلُونَ بَصِيرًا: ای کسانی که ایمان آوردهاید نعمت خدا را بر خود به یاد آورید. (۹ احزاب)

■ وَمَا يَسْتَوِي الْبَحْرَانِ هَٰذَا عَذْبٌ فُرَاتٌ سَائِغٌ شَرَابُهُ وَهَٰذَا مِلْحٌ أُجَاجٌ ۖ وَمِنْ كُلٍّ تَأْكُلُونَ لَحْمًا طَرِيًّا وَتَسْتَخْرِجُونَ حِلْيَةً تَلْبَسُونَهَا ۖ وَتَرَى الْفُلْكَ فِيهِ مَوَاخِرَ لِتَبْتَغُوا مِنْ فَضْلِهِ وَلَعَلَّكُمْ تَشْكُرُونَ: از فضل خدا بهره گیرید و شاید شکر نعمت‌هایش را به‌جا آورید. (۱۲ فاطر)

■ غَافِرِ الذَّنْبِ وَقَابِلِ التَّوْبِ شَدِيدِ الْعِقَابِ ذِي الطَّوْلِ ۖ لَا إِلَٰهَ إِلَّا هُوَ ۖ إِلَيْهِ الْمَصِيرُ: که آمرزنده گناه، پذیرنده توبه، دارای مجازات سخت و صاحب نعمت فراوان است هیچ معبودی جز او نیست و بازگشت تنها به‌سوی اوست. (۳ غافر)

■ يَا أَيُّهَا النَّاسُ اذْكُرُوا نِعْمَتَ اللَّهِ عَلَيْكُمْ ۚ هَلْ مِنْ خَالِقٍ غَيْرُ اللَّهِ يَرْزُقُكُمْ مِنَ السَّمَاءِ وَالْأَرْضِ ۚ لَا إِلَٰهَ إِلَّا هُوَ ۖ فَأَنَّىٰ تُؤْفَكُونَ: ای مردم به یاد آورید نعمت خدا را بر شما، آیا آفریننده‌ای جز خدا هست که شما را روزی دهد؟ هیچ معبودی جز او نیست. (۳ فاطر)

■ وَإِذْ تَأَذَّنَ رَبُّكُمْ لَئِنْ شَكَرْتُمْ لَأَزِيدَنَّكُمْ ۖ وَلَئِنْ كَفَرْتُمْ إِنَّ عَذَابِي لَشَدِيدٌ: اگر شکرگزاری کنید نعمت خود را بر شما خواهم افزود و اگر ناسپاسی کنید مجازاتم شدید است. (۷ ابراهیم)

■ وَمَا بِكُمْ مِنْ نِعْمَةٍ فَمِنَ اللَّهِ ۖ ثُمَّ إِذَا مَسَّكُمُ الضُّرُّ فَإِلَيْهِ تَجْأَرُونَ: آنچه از نعمت‌ها دارید همه از سوی خداست. (۵۳ نحل)

■ وَآتَاكُمْ مِنْ كُلِّ مَا سَأَلْتُمُوهُ ۚ وَإِنْ تَعُدُّوا نِعْمَتَ اللَّهِ لَا تُحْصُوهَا ۗ إِنَّ

الْإِنْسَانَ لَظَلُومٌ كَفَّارٌ

اگر نعمت‌های خدا را بشمارید هرگز آن‌ها را شماره نتوانید کرد (۳۴ ابراهیم)

■ وَإِنْ تَعُدُّوا نِعْمَةَ اللَّهِ لَا تُحْصُوهَا ۗ إِنَّ اللَّهَ لَغَفُورٌ رَحِيمٌ: اگر نعمت‌های خدا را بشمارید هرگز نمی‌توانید آن‌ها را احصا کنید، خداوند بسیار بخشنده مهربان است. (۱۸ نحل)

■ لَا تَمُدَّنَّ عَيْنَيْكَ إِلَىٰ مَا مَتَّعْنَا بِهِ أَزْوَاجًا مِنْهُمْ وَلَا تَحْزَنْ عَلَيْهِمْ وَاخْفِضْ جَنَاحَكَ لِلْمُؤْمِنِينَ

هرگز چشم خود را بر نعمت‌هایی که به گروهی دادیم میفکن و به خاطر آنچه آن‌ها دارند غمگین مباش (۸۸ حجر)

■ وَمَا بِكُمْ مِنْ نِعْمَةٍ فَمِنَ اللَّهِ ۖ ثُمَّ إِذَا مَسَّكُمُ الضُّرُّ فَإِلَيْهِ تَجْأَرُونَ: آنچه از نعمت‌ها دارید همه از سوی خداست (۵۳ نحل)

■ وَنَزَعْنَا مَا فِي صُدُورِهِمْ مِنْ غِلٍّ تَجْرِي مِنْ تَحْتِهِمُ الْأَنْهَارُ ۖ وَقَالُوا الْحَمْدُ لِلَّهِ الَّذِي هَدَانَا لِهَٰذَا وَمَا كُنَّا لِنَهْتَدِيَ لَوْلَا أَنْ هَدَانَا اللَّهُ ۖ لَقَدْ جَاءَتْ رُسُلُ رَبِّنَا بِالْحَقِّ ۖ وَنُودُوا أَنْ تِلْكُمُ الْجَنَّةُ أُورِثْتُمُوهَا بِمَا كُنْتُمْ تَعْمَلُونَ: ستایش مخصوص خداست که ما را به این همه نعمت‌ها رهنمون شد (٤٣ اعراف)

■ أَوَعَجِبْتُمْ أَنْ جَاءَكُمْ ذِكْرٌ مِنْ رَبِّكُمْ عَلَىٰ رَجُلٍ مِنْكُمْ لِيُنْذِرَكُمْ ۚ وَاذْكُرُوا إِذْ جَعَلَكُمْ خُلَفَاءَ مِنْ بَعْدِ قَوْمِ نُوحٍ وَزَادَكُمْ فِي الْخَلْقِ بَسْطَةً ۖ فَاذْكُرُوا آلَاءَ اللَّهِ لَعَلَّكُمْ تُفْلِحُونَ: نعمت‌های خدا را به یاد بیاورید شاید رستگار شوید (٦٩ اعراف)

■ وَاذْكُرُوا إِذْ جَعَلَكُمْ خُلَفَاءَ مِنْ بَعْدِ عَادٍ وَبَوَّأَكُمْ فِي الْأَرْضِ تَتَّخِذُونَ مِنْ سُهُولِهَا قُصُورًا وَتَنْحِتُونَ الْجِبَالَ بُيُوتًا ۖ فَاذْكُرُوا آلَاءَ اللَّهِ وَلَا تَعْثَوْا فِي الْأَرْضِ

مُفْسِدِينَ: نعمت‌های خدا را متذکر شوید و در زمین به فساد نکوشید (۷٤ اعراف)

■ ثُمَّ بَدَّلْنَا مَكَانَ السَّيِّئَةِ الْحَسَنَةَ حَتَّىٰ عَفَوْا وَقَالُوا قَدْ مَسَّ آبَاءَنَا الضَّرَّاءُ وَالسَّرَّاءُ فَأَخَذْنَاهُمْ بَغْتَةً وَهُمْ لَا يَشْعُرُونَ: سپس نیکی و فراوانی نعمت و رفاه را به‌جای ناراحتی و گرفتاری قرار دادیم آن‌چنان که فزونی گرفتند (۹۵ اعراف)

■ فَإِذَا جَاءَتْهُمُ الْحَسَنَةُ قَالُوا لَنَا هَٰذِهِ ۖ وَإِنْ تُصِبْهُمْ سَيِّئَةٌ يَطَّيَّرُوا بِمُوسَىٰ وَمَنْ مَعَهُ ۗ أَلَا إِنَّمَا طَائِرُهُمْ عِنْدَ اللَّهِ وَلَٰكِنَّ أَكْثَرَهُمْ لَا يَعْلَمُونَ: آگاه باشید که سرچشمه نعمت‌ها نزد خداوند است (۱۳۱ اعراف)

■ يَا أَيُّهَا الَّذِينَ آمَنُوا إِذَا قُمْتُمْ إِلَى الصَّلَاةِ فَاغْسِلُوا وُجُوهَكُمْ وَأَيْدِيَكُمْ إِلَى الْمَرَافِقِ وَامْسَحُوا بِرُءُوسِكُمْ وَأَرْجُلَكُمْ إِلَى الْكَعْبَيْنِ ۚ وَإِنْ كُنْتُمْ جُنُبًا فَاطَّهَّرُوا ۚ وَإِنْ كُنْتُمْ مَرْضَىٰ أَوْ عَلَىٰ سَفَرٍ أَوْ جَاءَ أَحَدٌ مِنْكُمْ مِنَ الْغَائِطِ أَوْ لَامَسْتُمُ النِّسَاءَ فَلَمْ تَجِدُوا مَاءً فَتَيَمَّمُوا صَعِيدًا طَيِّبًا فَامْسَحُوا بِوُجُوهِكُمْ وَأَيْدِيكُمْ مِنْهُ ۚ مَا يُرِيدُ اللَّهُ لِيَجْعَلَ عَلَيْكُمْ مِنْ حَرَجٍ وَلَٰكِنْ يُرِيدُ لِيُطَهِّرَكُمْ وَلِيُتِمَّ نِعْمَتَهُ عَلَيْكُمْ لَعَلَّكُمْ تَشْكُرُونَ: خداوند نمی‌خواهد مشکلی برای شما ایجاد کند بلکه می‌خواهد شما را پاک سازد و نعمتش را بر شما تمام نماید شاید شکر او را به‌جا آورید (٦ مائده)

■ وَاذْكُرُوا نِعْمَةَ اللَّهِ عَلَيْكُمْ وَمِيثَاقَهُ الَّذِي وَاثَقَكُمْ بِهِ إِذْ قُلْتُمْ سَمِعْنَا وَأَطَعْنَا ۖ وَاتَّقُوا اللَّهَ ۚ إِنَّ اللَّهَ عَلِيمٌ بِذَاتِ الصُّدُورِ: و به یاد آورید نعمت خدا را بر شما و پیما نی را که با تأکید از شما گرفت (۷ مائده)

■ وَإِذْ قَالَ مُوسَىٰ لِقَوْمِهِ يَا قَوْمِ اذْكُرُوا نِعْمَةَ اللَّهِ عَلَيْكُمْ إِذْ جَعَلَ فِيكُمْ أَنْبِيَاءَ وَجَعَلَكُمْ مُلُوكًا وَآتَاكُمْ مَا لَمْ يُؤْتِ أَحَدًا مِنَ الْعَالَمِينَ: هنگامی که موسی به قوم خود گفت: ای قوم من نعمت خدا را بر خود متذکر شوید و شما را حاکم

و صاحب‌اختیار خود قرار داده و به شما چیزهایی ببخشید که به هیچ‌یک از جهانیان نداده بود. (۲۰ مائده)

■ هُوَ الَّذِي خَلَقَ لَكُمْ مَا فِي الْأَرْضِ جَمِيعًا ثُمَّ اسْتَوَىٰ إِلَى السَّمَاءِ فَسَوَّاهُنَّ سَبْعَ سَمَاوَاتٍ ۚ وَهُوَ بِكُلِّ شَيْءٍ عَلِيمٌ: او خدایی است که همه نعمت‌هایی که در زمین وجود دارد را برای شما آفرید (۲۹ بقره)

■ يا بَنِي إِسْرائيلَ اذْكُرُوا نِعْمَتِيَ الَّتي أَنْعَمْتُ عَلَيْكُمْ وَ أَوْفُوا بِعَهْدي أُوفِ بِعَهْدِكُمْ وَ إِيَّايَ فَارْهَبُونِ. يا بَنِي إِسْرائيلَ اذْكُرُوا نِعْمَتِيَ الَّتي أَنْعَمْتُ عَلَيْكُمْ وَ أَنِّي فَضَّلْتُكُمْ عَلَي الْعالَمينَ: نعمت‌هایی را که به شما ارزانی داشتم به یاد آورید، من شما را بر جهانیان برتری بخشیدم (۴۰ و ۴۷ بقره)

■ وَمِنْ حَيْثُ خَرَجْتَ فَوَلِّ وَجْهَكَ شَطْرَ الْمَسْجِدِ الْحَرَامِ ۚ وَحَيْثُ مَا كُنْتُمْ فَوَلُّوا وُجُوهَكُمْ شَطْرَهُ لِئَلَّا يَكُونَ لِلنَّاسِ عَلَيْكُمْ حُجَّةٌ إِلَّا الَّذِينَ ظَلَمُوا مِنْهُمْ فَلَا تَخْشَوْهُمْ وَاخْشَوْنِي وَلِأُتِمَّ نِعْمَتِي عَلَيْكُمْ وَلَعَلَّكُمْ تَهْتَدُونَ: و از آن‌ها (ظالمان) نترسید و از من بترسید تا نعمت خود را بر شما تمام کنم شاید هدایت شوید. (۱۵۰ بقره)

■ يَا أَيُّهَا الَّذِينَ آمَنُوا كُلُوا مِنْ طَيِّبَاتِ مَا رَزَقْنَاكُمْ وَاشْكُرُوا لِلَّهِ إِنْ كُنْتُمْ إِيَّاهُ تَعْبُدُونَ: ای کسانی که ایمان آورده‌اید از نعمت‌هایی که به شما روزی دادیم بخورید و شکر خدا را به‌جای آورید (۱۷۲ بقره)

■ وَإِذَا طَلَّقْتُمُ النِّسَاءَ فَبَلَغْنَ أَجَلَهُنَّ فَأَمْسِكُوهُنَّ بِمَعْرُوفٍ أَوْ سَرِّحُوهُنَّ بِمَعْرُوفٍ ۚ وَلَا تُمْسِكُوهُنَّ ضِرَارًا لِتَعْتَدُوا ۚ وَمَنْ يَفْعَلْ ذَٰلِكَ فَقَدْ ظَلَمَ نَفْسَهُ ۚ وَلَا تَتَّخِذُوا آيَاتِ اللَّهِ هُزُوًا ۚ وَاذْكُرُوا نِعْمَتَ اللَّهِ عَلَيْكُمْ وَمَا أَنْزَلَ عَلَيْكُمْ مِنَ الْكِتَابِ وَالْحِكْمَةِ يَعِظُكُمْ بِهِ ۚ وَاتَّقُوا اللَّهَ وَاعْلَمُوا أَنَّ اللَّهَ بِكُلِّ شَيْءٍ عَلِيمٌ: به یاد بیاورید نعمت خدا را بر خود و کتاب آسمانی و علم و دانشی که به شما نازل کردیم که شما را پند دهد (۲۳۱ بقره)

- وَإِذْ قُلْنَا ادْخُلُوا هَٰذِهِ الْقَرْيَةَ فَكُلُوا مِنْهَا حَيْثُ شِئْتُمْ رَغَدًا وَادْخُلُوا الْبَابَ سُجَّدًا وَقُولُوا حِطَّةٌ نَغْفِرْ لَكُمْ خَطَايَاكُمْ ۚ وَسَنَزِيدُ الْمُحْسِنِينَ: زمانی را که گفتیم در این شهر (بیت‌المقدس) وارد شوید و از نعمت‌های فراوان آن هر چه می‌خواهید بخورید و به نیکوکاران پاداش بیشتری خواهیم داشت (۵۸ بقره)

- الصَّابِرِينَ وَالصَّادِقِينَ وَالْقَانِتِينَ وَالْمُنْفِقِينَ وَالْمُسْتَغْفِرِينَ بِالْأَسْحَارِ: از نعمت خدا و فضل او مسرورند و خداوند پاداش مؤمنان را ضایع نمی‌کند (۱۷ آل‌عمران)

- فَانْقَلَبُوا بِنِعْمَةٍ مِنَ اللَّهِ وَفَضْلٍ لَمْ يَمْسَسْهُمْ سُوءٌ وَاتَّبَعُوا رِضْوَانَ اللَّهِ ۗ وَاللَّهُ ذُو فَضْلٍ عَظِيمٍ

به همین جهت آن‌ها با نعمت و فضل پروردگارشان بازگشتند درحالی‌که هیچ ناراحتی به ایشان نرسید و خداوند دارای فضل و بخششی بزرگ است. (۱۷۴ آل‌عمران)

- وَمَنْ يُطِعِ اللَّهَ وَالرَّسُولَ فَأُولَٰئِكَ مَعَ الَّذِينَ أَنْعَمَ اللَّهُ عَلَيْهِمْ مِنَ النَّبِيِّينَ وَالصِّدِّيقِينَ وَالشُّهَدَاءِ وَالصَّالِحِينَ ۚ وَحَسُنَ أُولَٰئِكَ رَفِيقًا: و کسی که خدا و پیامبر را اطاعت کند هم‌نشین کسانی خواهد بود که خدا نعمت خود را بر آن‌ها تمام کرده (۶۹ نساء)

- فَرِحِينَ بِمَا آتَاهُمُ اللَّهُ مِنْ فَضْلِهِ وَيَسْتَبْشِرُونَ بِالَّذِينَ لَمْ يَلْحَقُوا بِهِمْ مِنْ خَلْفِهِمْ أَلَّا خَوْفٌ عَلَيْهِمْ وَلَا هُمْ يَحْزَنُونَ: آن‌ها به خاطر نعمت‌های فراوانی که خداوند از فضل خود به ایشان بخشیده است خوشحال‌اند و نه ترسی بر آن‌هاست و نه غمی خواهند داشت (۱۷۰ آل‌عمران)

مقصر بدبختی‌هایمان کیست؟

ما باید بپذیریم که خودمان مسئول زندگی‌مان هستیم و دنبال مقصر نگردیم. تا وقتی دیگران را مقصر بدانیم، هیچ اقدامی برای درست کردن این زندگی نخواهیم کرد.

ژان پل سارت می‌گوید: اگر یک فلج مادرزاد قهرمان دو میدانی نشود مقصر خودش است.

این دیدگاه زیبایی است که انسان در قبال اتفاقاتی که برایش رخ می‌دهد، مسئولیت بپذیرد. ما نباید به‌هیچ‌عنوان وقتی اتفاقی برایمان رخ می‌دهد فکر کنیم تقصیر مادرم، پدرم، دوستم، همسرم، شرایط اقتصادی، یا اجتماع بود. این تفکر که تقصیرها را به گردن دیگری بیندازیم به ما اجازه می‌دهد که پی‌درپی اشتباه کنیم و هرگز پیشرفت نکنیم. این تفکر مانند این است که حتی وقتی که پایمان به سنگی می‌گیرد و زمین می‌خوریم سنگ را محکم به زمین بکوبیم و بگوییم: این سنگ مقصر بود که من زمین خوردم.

اگر بپذیرید که تمام اتفاقات بیرون حاصل تفکرات ماست، راحت‌تر زندگی می‌کنید و می‌دانید که زندگی شما در مشت خودتان است و هر طور که بخواهید آن را رقم می‌زنید. اگر غیبت نکنید، پشت سرتان غیبت نمی‌کنند. اگر بد نگویید، از شما بد نخواهند گفت. اگر افکار منفی نداشته باشید، اتفاقات بد را به خودتان جذب نخواهید کرد. اگر قوانین جهان را بلد باشید، زندگی زیبایی را تجربه خواهید کرد. توصیه من این است که تمام عوامل بیرونی را رها کنید و به درون خودتان بپردازید. این تنها راه نجات شماست. شما که نمی‌توانید تمام جهان را کنترل کنید تا به شما آسیبی نزنند ولی می‌توانید افکارتان را مثبت کنید تا از ورود اتفاقات بد جلوگیری کنید.

تمام افراد و شرایط زندگی شما را خودتان خلق کرده‌اید. تصور کنید که شما استاد یک دانشگاه بزرگ باشید. آیا یک درصد هم به ذهنتان می‌رسد که در دعواهای خیابانی به شما زنگ بزنند و از شما کمک بخواهند تا شما هم چوبی، چاقویی بردارید و به دعوا بروید؟ مسلماً نه. چون شما هر گز به دعوا فکر نمی‌کنید، برای همین هر گز در دعواهای خیابانی جایی ندارید. هرکسی به هر چیزی که زیاد توجه کند، آن را به زندگی خود دعوت می‌کند. کانون توجه شما هر روز روی چه چیزی است. به فقر و کمبود فکر می‌کنید یا ثروت و فراوانی، به صلح فکر می‌کنید یا جنگ، به اعتماد فکر می‌کنید یا خیانت، به بیماری فکر می‌کنید یا خیانت.

پس اگر الان زندگی‌تان مساعد نیست ف بهخازر افکار و اعمالتان درگذشته است. ولی با خواندن این کتاب دیگر مانند گذشته فکر نخواهید کرد و به همان نسبت زندگیتان تغییر خواهد کرد. شما یک‌شبه مثلاً ۳۰ کیلو اضافه‌وزن پیدا نکرده‌اید که یک‌شبه هم آن را کم کنید. پس برای تغییر افکار هم‌زمان نیاز دارید تا آن‌ها را اصلاح کنید. برای هیچ چیز در دنیا عجله نکنید.

قانون تکامل

باید بدانید که قانون تکامل همیشه به شما کمک می‌کند. به این فکر کنید که اگر ما به هر چیزی که فکر می‌کردیم، به‌یک‌باره در زندگی ما ظاهر می‌شد چه اتفاقی می‌افتاد؟ چون هرلحظه ما هم افکار منفی داریم و هم مثبت؛ و زندگی پر از آشوب و هرج‌ومرج می‌شد.

همه چیز سیر تکاملی دارد. مثلاً شما اول یک سلول بودید، بعد دو سلول و به همین ترتیب تکثیر پیدا کردید تا یک جنین کامل شدید و وقتی هم به دنیا آمدید کم‌کم رشد کردید.

در هر کاری که فکرش را بکنید این قانون کار می‌کند. اگر شما دانه‌ای را بکارید، چند روز بعد چه خواهید داشت؟ یک‌دانه خیس‌خورده. انتظار ندارید که یک‌شبه بزرگ شود. در همه کارها اگر قانون تکامل را رعایت کنید هیچ استرس و عجله‌ای نخواهید داشت. برای داشتن پول بیشتر هم اگر این قانون را اجرا کنید به مشکلی بر نخواهید خورد. مثلاً اگر شما درآمد ماهی یک میلیون تومان داشته باشید، نمی‌توانید انتظار داشته باشید که ماه بعد صد میلیون تومان دربیاورید. شما باید کم‌کم به این درامد برسید. در کسب‌وکارتان هم انتظار نداشته باشید به‌یک‌باره رشد کنید. باید زمان بگذارید و قدم‌به‌قدم کسب‌وکارتان را توسعه دهید. برای تغییر در افکارتان هم شما نیاز به زمان دارید. اجازه دهید افکار مثبت آرام‌آرام در ذهن شما بنشیند و افکار منفی کم شود. هر روز سعی کنید مثبت‌تر فکر کنید. خواهید دید که با این نحوه نگرش چقدر دنیا جای بهتری خواهد بود برای زندگی کردن.

اگر کارهایی دارید که انجامش برایتان سخت است، از این روش استفاده کنید. مثلاً برای نوشتن کتابتان هر روز یک صفحه بنویسید یا برای یادگیری یک‌زبان جدید هر روز ده دقیقه وقت بگذارید. به مرور خواهید دید که تمام‌کارهایتان بدون هیچ زحمتی انجام شده است. برای ساختن یک شخصیت بزرگ هم زمان بگذارید. یادتان باشد که بزرگ‌ترین امپراتوری‌ها هم یک شبه به وجود نیامده است. یک ورزشکار حرفه‌ای یک شبه قهرمان نشده است. پس صبور باشید و برای رشد هر کاری، زمان کافی برایش بگذارید.

قانون جذب و ارتعاش و انرژی

قانون جذب حرفش این است که هر چیزی را شما بتوانید تصور کنید در دنیای بیرون اتفاق خواهد افتاد و هر چه بیشتر بتوانید تمرکز کنید زودتر اتفاق می‌افتد. هر فکری هم که به ذهن ما برسد جذب انرژی مشابه خود می‌شود. اگر به فقر فکر کنید فقیر می‌شوید و یا اگر به ثروت فکر کنید ثروتمند می‌شوید...

دنیایی که ما دران زندگی می‌کنیم به تصور همه ما جامد است و همه‌چیز سخت و محکم می‌باشد مثل کمد و ماشین و سنگ و... اگر از علم کوانتوم مطلع باشید متوجه می‌شوید که اجسام از اتم‌ها و اتم‌ها از ذرات ریزی به نام استرینگ تشکیل‌شده‌اند. این استرینگها در حال چرخش هستند و وقتی تعداد چرخش آن‌ها بالا برود دیواری را تشکیل می‌دهند که سخت و محکم است

پنکه‌ای را در نظر بگیرید که وقتی خاموش است شما به‌راحتی دستتان را داخلش می‌برید ولی وقتی روشن می‌شود کسی جرأت نمی‌کند انگشتش را حتی برای امتحان داخلان ببرد. چون مثل یک دیوار سخت و محکم می‌شود.

این مهم‌ترین نکته ایست که شما باید درباره این دنیا بدانید. همه‌چیز از انرژی ساخته‌شده است و تمام چیزهایی که انرژی یکسانی دارند بدون اینکه نیاز باشد شما کاری بکنید کنار هم می‌روند؛ یعنی هر انرژی جذب انرژی شبیه خود می‌شود. مثال می‌زنم تا خوب متوجه شوید. مثلاً چند تا کتری آب را گذاشته‌اید بجوشد وقتی آب به جوش آمد چه اتفاقی می‌افتد ...بخارها بدون نیاز به کمک شما به هوا می‌روند... حالا اگر چند تا سنگ را داخل آب بیندازد چه می‌شود. معلوم است همه زیرآب می‌روند. آیا شما برای بخار یا سنگ کاری کردید....

پس وقتی به پول فکر کنید پول به‌سوی شما سرازیر می‌شود. هر چیزی سمت هم انرژی خودش می‌رود. پس تمام چیزهایی که فرکانس یا ارتعاش یکسانی داشته باشند کنار هم خواهند رفت... اگر بدانید که هرلحظه در حال فرستادن ارتعاش هستید به‌راحتی با تغییر فکرتان ارتعاش خواسته خود را می‌فرستید. این همان غول چراغ جادو است که به شما گفتم؛ یعنی به هر چیزی فکر کنید همان را به زندگی خود می‌کشانید بدون هیچ زحمتی

شما باید طوری این قانون را یاد بگیرید که به ذهن ناخودآگاه شما برود. مثلاً یادتان هست اولین بار که رانندگی می‌کردید چگونه بودید. حواستان مستقیم به جلو بود گاهی برای دنده عوض کردن باید به آن نگاه می‌کردید و مسائل دیگر که بهتر می‌دانید.

ولی بعد از مدتی تمرین به‌راحتی رانندگی می‌کنید و حتی با موبایلتان صحبت می‌کنید و حتی اگر کسی سؤال بپرسد جواب می‌دهید. این یعنی رانندگی به ذهن ناخودآگاه شما رسیده است.

در مرحله اولیه شما به تمرین‌های زیادی نیاز دارید. من اولین کلید را به شما می‌دهم...**تمرین...تمرین...تمرین...**

یادتان باشد ثروت زیاد به منزله کار زیاد نیست. شما باید بتوانید افکارتان را عوض کنید. حتماً افرادی را دیده‌اید که کمتر کار می‌کنند و پول بیشتری درمی‌آورند. ومن مرحله‌به‌مرحله به شما می‌گویم چطور این کار را انجام دهید

زمانی که به‌عنوان سوپروایزر در آموزشگاه کار می‌کردم به زبان‌آموزانی که شکایت می‌کردند که مثلاً هشت ترم خوانده‌اند و چیزی یاد نگرفته‌اند می‌گفتم بروید و از ترم اول شروع به خواندن کنید. چون این‌طوری شما با آگاهی بیشتر و از سطح بالاتر به درس‌های اول نگاه می‌کنید و می‌خوانید و

تازه می‌بینید که در این مرحله بیشتر یاد می‌گیرید ولی انگار کسی خوشش نمی‌آید از سطح خودش پایین بیاید و حاضر است با همان تفکر غلط و به خاطر حرف مردم همان راه را ادامه دهد؛ و بعد از چند سال با ناامیدی آموزشگاه را ترک می‌کنند

این مثال را گفتم که اگر اطلاعاتی درباره قانون جذب دارید برای چند ساعت کنار بگذارید و فقط این کتاب را بخوانید بدون اینکه با کسی یا چیزی مقایسه کنید. بعد باید چند بار دیگر این کار را تکرار کنید چون تازه با چند بار خواندن یک کتاب آن را به‌درستی متوجه می‌شوید و هر بار نکته جدیدی پیدا می‌کنید؛ یعنی با سطح آگاهی بالاتر بهتر متوجه موضوع خواهید شد. این نکته یکی از کلیدهای طلایی یادگیری شماست... اگر کتاب‌های مرا ببینید فکر می‌کنید هزار نفر هزار بار آن را خوانده است...

نکته بسیار مهم این است که شما باید قبول کنید که تمام مسؤولیت زندگیتان به عهده خود شماست. کم‌کم در این کتاب متوجه می‌شوید که منظورم چیست

سال‌ها پیش از خودم سؤال می‌کردم خدا برای چه از روح خودش در ما دمیده است و اصلاً هدفش چه بوده است. قشنگ‌ترین چیزی که دراین‌باره متوجه شدم این است که ما هم قدرت خلق کردن داریم. باور این مطلب زندگی شما را متحول می‌کند

باور این موضوع که انسان می‌تواند زندگیش را آن‌طور که خودش می‌خواهد تغییر دهد بسیار شورانگیز است.

به‌طورکلی قانون جذب می‌گوید هر آنچه در زندگی شما هست را خودتان جذب کرده‌اید. این باور به شما قدرت می‌دهد و مهم‌تر اینکه دیگر کسی را مقصر نمی‌دانید و تلاش می‌کنید آنگونه که می‌خواهید زندگیتان را تغییر

دهید.

کل قانون جذب ارتعاش و فرکانس است که البته هر دو به یک معنی هستند. حالا ارتعاش یعنی چه...یعنی توجه مکرر به هر چیزی. قانون جذب می‌خواهم و نمی‌خواهم را متوجه نمی‌شود. هر آنچه سفارش دهید برایتان مهیا می‌کند.

مثلاً تصور کنید شما به آشپزخانه می‌روید تا غذا درست کنید و می‌گویید پیاز می‌خواهم و روغن می‌خواهم و گوشت می‌خواهم و ...هیچ‌وقت از چیزهایی که نمی‌خواهید حرف نمی‌زنید مثلاً نمی‌گوید رب گوجه‌فرنگی نمی‌خواهم... برنج نمی‌خواهم...سیب‌زمینی نمی‌خواهم...درواقع هر چیزی را که می‌خواهید برمی‌دارید و به بقیه چیزها کاری ندارید... قانون جذب نمی‌خواهم سرش نمی‌شود...دقیقاً مثل دستگاه کپی می‌ماند که هر چه بدهید ان را کپی می‌کند... این مثال را زدم تا بدانید فقط روی چیزهایی که می‌خواهید تمرکز کنید...برفرض نگویید من این خانه را نمی‌خواهم خیلی کوچک است. درباره خانه رؤیایی خودتان فکر کنید و حرف بزنید اگر مدام به مریضی فکر کنید بیماری بیشتری را جذب می‌کنید یا اگر همیشه به بدهی‌ها و پرداختن قبض‌ها فکر میکنید بدهی‌های بیشتری را درخواست می‌کنید.

چیزی بگویم شاید کمی بترسید. اگر آدمی هستید که مدام در حال غیبت کردن و بدگویی پشت سر دیگران هستید بدانید تمام آن‌ها وارد زندگیتان می‌شود.

اگر مدام بخش حوادث روزنامه را می‌خوانید منتظر اتفاقات بد زیادی باشید. اگر مدام از گرانی شکایت می‌کنید یا از فقر و بدبختی حرف می‌زنید و منتظر فقر و بدبختی باشید.

کسانی که تا یک دعوای خیابانی یا یک تصادف می‌بینند به تماشا می‌ایستند و گوشی خود را درمی‌آورند و شروع به فیلم گرفتن می‌کنند باید منتظر حوادث مشابه در زندگی خود باشند

کسانی که مدام درباره خیانت حرف می‌زنند و یا پای فیلم‌های ماهواره می‌نشینند و خیانت‌ها و طلاق‌های آنان را می‌بینند و با آب و تاب برای همدیگر تعریف می‌کنند. باید منتظر خیانت و طلاق در زندگیشان باشند.

از هر چیز بدی که در زندگیتان افتاده تعریف کنید مشابه آن بارها و بارها برایتان تکرار می‌شود

الان می‌توانید کمی تأمل کنید و ببینید افکار غالب زندگی‌تان به چه چیزی است و شما اغلب درباره چه چیزی فکر می‌کنید و با دیگران صحبت می‌کنید

توجه کردن فقط فکر کردن و حرف زدن نیست... گوش کردن هم نوعی توجه است... دیدن هم نوعی توجه کردن است. این‌ها ورودی‌های ذهن شما هستند

حالا ببینید اگر مدام درباره بدبختی هایتان حرف بزنید چه بلایی سرزندگی‌تان می‌آورید...

بهانه بی بهانه...به هر چیزی فکر کنید همان می‌شود... اگر در پذیرش اینکه زندگیتان را با افکارتان می‌توانید بسازید مقاومت نکنید زندگیتان متحول می‌شود. ایمان به اینکه دنیا پر از فراوانی است شمارا نجات می‌دهد و این عین عدالت خداست

توجه کنید که اگر به چیزی بیشتر فکر کنید از همان بیشتر دریافت خواهید کرد. افکارتان را در دستتان بگیرید تا زندگیتان در مشتتان باشد...مهم نیست الان در چه

شرایطی هستید از همین جا شروع کنید به ساختن زندگیتان. حتماً می‌پرسید چگونه و کی به خواسته‌هایمان می‌رسیم. باید بگویم زمانان را فقط خداوند می‌داند. شما هر چه ارتعاش بیشتری بفرستید این زمان را کوتاه‌تر می‌کنید تصور کنید سنگی را به روی آب پرتاب می‌کنید. موج‌های کوچکی را به وجود می‌آورد که هر چه از مرکز دورتر می‌شوند بزرگ‌تر می‌شوند. ما هم باید زندگی را روی این مدارها طی کنیم. کسی نمی‌تواند از مدار اول به مدار آخر برسد.

مثلاً کسی که ماهی یک میلیون تومان درامد دارد نمی‌تواند یک شبه به ماهی صد میلیون تومان برسد و یا کسی که روابط عاطفی بدی دارد نمی‌تواند یک شبه احساسش را درست کند... فهم این مطلب شما را از ناامیدی در این مسیر نجات می‌دهد و از بی‌صبری کردن شما جلوگیری می‌کند. کم‌کم شما به هر آنچه می‌خواهید می‌رسید

جملات زندگی‌بخش

جملاتی که باید بارها و بارها آن را بخوانید تا در اعماق جان شما نفوذ کند و بتوانید به درک عمیقی از آن برسید. یادتان باشد که نباید فقط اطلاعات زیادی داشته باشید، باید به آن‌ها عمل کنید.

۱) منتظر فرصت نباشید، خلقش کنید.

۲) عقب‌نشینی نکنید، عبور کنید.

۳) مقایسه نکنید، منحصربه‌فرد باشید.

۴) از زندگی نگریزید، آن را بپذیرید.

۵) ساده باشید، پر رمز و راز می‌شوید.

۶) قضاوت نکنید، با عدالت رفتار کنید.

۷) خودتان باشید، بی‌همتا می‌شوید.

۸) بنده خدا باشید، از دست هر زورگویی آزاد می‌شوید.

۹) چشم‌هایتان را به حقایق نبندید، ذهنتان را بازکنید.

۱۰) ضعف خود را بپذیرید: قوی می‌شوید.

۱۱) دوست داشته باشید: محبوب می‌شوید.

۱۲) سکوت پیشه کنید: آگاهی گویا می‌شوید.

۱۳) دخالت را رها کنید: هدایت جو می‌شوید.

۱۴) سخن را کوتاه کنید: تأثیرگذار می‌شوید.

۱۵) بر خود حکومت کنید: بر کائنات فرمانروا می‌شوید.

۱۶) به تاریکی ذهن آگاه شوید: روشنایی‌بخش زندگی‌ها می‌شوید.

۱۷) حتی اگر امروز در شرایط خوب و مطلوبی هستید، برای روزی بهتر از امروز، تمرین کنید.

۱۸) با خود صادق باشید و نگران آنچه مردم درباره شما می‌گویند نباشید.

۱۹) نخواهید که دیگران را فقط به خاطر زیبایی و جذابیت جذب کنید.

۲۰) هرگاه وسوسه می‌شوید تا حرف‌های کنایه و نیش‌دار به مردم بزنید، یادتان باشد که اسید اول طرف خود را می‌سوزاند.

۲۱) کلمات نسنجیده دوستی‌ها را خراب می‌کند، اما مهربانی همه را به هم وصل می‌کند.

۲۲) همواره به دیگران کمک کنید تا به تعالی برسند.

۲۳) در دوست داشتن مانند خدا باشید. بی توقع دوست بدارید.

۲۴) برای فهمیدن زرنگ باشید و برای عمل کردن زرنگ‌تر.

۲۵) قدرشناس باشید و قدرشناسی را ابراز کنید.

۲۶) حسد و بغض را از خود دور کنید چون اول خود شما را می‌سوزاند.

۲۷) قناعت را در وجودتان تقویت کنید و از داشتن دوستان واقعی سپاسگزار باشید.

۲۸) سعی نکنید دیگران را ازخودراضی نگه دارید.

۲۹) هنگام صحبت با دیگران نصف باشید و اجازه دهید حرف‌هایشان را بزنند.

۳۰) ترس‌ها و باورهای دیگران را نسبت به بیماری نادیده بگیرید و افکار منفی را از خود دور کنید.

۳۱) روحیه‌تان را بالا نگاه‌دارید و به شرایط بیرونی کاری نداشته باشید.

۳۲) شاد بودن را کار هرروزه خود قرار دهید.

۳۳) روبه روی آینه بایستید و از خود تعریف کنید.

۳۴) بخشش را از خانه خود شروع کنید و ازآنچه که می توانید به دیگران ببخشید.

۳۵) جملات تأکیدی روزانه را تکرار و تکرار کنید.

۳۶) ایمان راسخ داشته باشید که تنها منبع خیر و خوبی خداوند است.

۳۷) اگر از بیماری رنج می‌برید، از صحبت کردن و فکر کردن به آن دست بکشید و گله و شکایت را رها کنید.

۳۸) به حرف‌های سمی دیگران توجه نکنید.

۳۹) توکل به خدا را فراموش نکنید و هر روز از او کمک بخواهید.

۴۰) روزانه زمانی را برای شکرگزاری اختصاص دهید.
۴۱) فیلم‌های انگیزشی ببینید و زندگی‌نامه افراد موفق را بخوانید.
۴۲) هر روز زمانی را برای مراقبه اختصاص دهید.
۴۳) دنبال موضوعات شاد بگردید وگرنه غم‌ها شما را پیدا می‌کنند.
۴۴) بیشتر منشأ کنش باشید تا واکنش. واکنش‌های احساسی مانند ابری واقعیات را می‌پوشانند.
۴۵) اگر می‌خواهید از کسانی که به تو بدی کردند غلبه کنید، از آن‌ها نزد دیگران به خوبی یاد کنید.
۴۶) به عیب‌جویی دیگران، درست یا نادرست توجه نکنید؛ اما قلباً از آن‌ها سپاسگزار باشید.
۴۷) این را بدانید خدمت به خلق شما را مست می‌کند و هرگز چیزی مانند آن شما را سر ذوق نمی‌آورد.
۴۸) با تحقیر دیگران، سستی و تنزل خود را نشان می‌دهید. مردم را همیشه احترام کنید.
۴۹) حتی گردابی از ناراحتی، با شوخی و خنده از بین می‌رود.
آرام باشید، ایمان داشته باشید که به زودی همه‌چیز به نفع شما تمام خواهد شد

نمی‌دانید زندگی چقدر زیباست:

وقتی آنچه را می‌خواهی به طور معجزه‌آسایی به دست آوری.
وقتی احساس می‌کنی تأثیر مثبتی بر روی دنیای اطرافت می‌گذاری.
وقتی تمام چهارچوب بدنت سالم است.
وقتی به هرجایی که دوست داری می‌توانی سفر کنی.

وقتی هر بار با خدا صحبت می‌کنی اشک در چشمانت حلقه می‌زند و درست داری عاشقانه او را در آغوشت کشیده، او را ببوسی و به او بگویی: واقعاً سپاسگزارم، به خاطر همه‌چیز.

وقتی هزاران نفر هر روز برایت دعای خیر می‌کنند.

وقتی هر روز ایده‌های ثروت آفرین بیشتری به ذهنت می‌رسد.

وقتی می‌توانی به قول‌هایی که به مادرت درگذشته دادی عمل کنی و یک زندگی زیبا برایش آماده کنی.

وقتی دوستان زیادی در همه جای دنیا پیدا می‌کنی.

وقتی هر آنچه را می‌خواهی می‌توانی بخری و هرگز نگران مبلغش نیستی.

وقتی هرکجای دنیا می‌روی انگار بهترین آدم‌های دنیا همان‌جا هستند.

وقتی هر روز دنیا شگفتی‌های بیشتری را به تو نشان می‌دهد.

وقتی هر روز دنیا آگاهی‌های بیشتری را به تو می‌دهد.

وقتی شاهد خنده‌های مردم هستی.

و بعد با خود می‌گویم که واقعاً ارزشش را داشت که بمانم و تمرین کنم و آگاهی خودم رو هر روز بالا ببرم. ارزشش رو داشت که هر روز مطالعه کنم. ارزشش رو داشت که به حرف اساتیدم گوش بدم. ارزشش رو داشت که بپذیرم من هر روز باید سطح آگاهی خودم رو بالا ببرم؛ و خدا رو شاکرم که منو مورد رحمت خودش قرار داد. من هر روز در حال یادگیری هستم چون می‌دانم این تنها مسیر خوشبختی و سعادت است.

قانون اعراض

در قرآن بارها و بارها به پیامبر گفته می‌شود که به آنچه نمی‌خواهی توجه نکن

و تمام توجه خود را به خداوند و آنچه که می‌خواهی معطوف کن. حتی به پیامبر دستور می‌دهد به کسانی که قران را مسخره می‌کنند توجه نکن. چون اگر کسی به ناخواسته‌ها توجه کند همان‌ها را جذب می‌کند.

در آیه‌ها زیر ببینید که خداوند چگونه از **اعراض** سخن می‌گوید.

■ اتَّبِعْ مَا أُوحِيَ إِلَيْكَ مِنْ رَبِّكَ ۖ لَا إِلَٰهَ إِلَّا هُوَ ۖ وَأَعْرِضْ عَنِ الْمُشْرِكِينَ: اتبع ما اوحی الیک من ربک لا اله الا هو و اعرض عن المشرکین (۱۰۶ انعام)

آنچه را از طرف پروردگارت وحی می‌شود پیروی کن که معبودی جز او نیست و از مشرکان روی بگردان.

■ خُذِ الْعَفْوَ وَأْمُرْ بِالْعُرْفِ وَأَعْرِضْ عَنِ الْجَاهِلِينَ (۱۹۹ اعراف)

گذشت را پیشه کن و به نیکی فرمان ده و از نادانان روی بگردان.

■ سَيَحْلِفُونَ بِاللَّهِ لَكُمْ إِذَا انْقَلَبْتُمْ إِلَيْهِمْ لِتُعْرِضُوا عَنْهُمْ ۖ فَأَعْرِضُوا عَنْهُمْ ۖ إِنَّهُمْ رِجْسٌ ۖ وَمَأْوَاهُمْ جَهَنَّمُ جَزَاءً بِمَا كَانُوا يَكْسِبُونَ (۹۵ توبه)

چون به آن‌ها رجوع کنید برایتان سوگند یاد می‌کنند که از آن‌ها چشم‌پوشی کنید، از آن‌ها روی بگردانید که مردمی پلیدند و به کیفر کردارشان جایگاه آنان دوزخ است.

■ وَإِذَا رَأَيْتَ الَّذِينَ يَخُوضُونَ فِي آيَاتِنَا فَأَعْرِضْ عَنْهُمْ حَتَّىٰ يَخُوضُوا فِي حَدِيثٍ غَيْرِهِ ۚ وَإِمَّا يُنْسِيَنَّكَ الشَّيْطَانُ فَلَا تَقْعُدْ بَعْدَ الذِّكْرَىٰ مَعَ الْقَوْمِ الظَّالِمِينَ: و اذا رایت الذین یخوضون فی آیاتنا فاعرض عنهم حتی یخوضوا فی حدیث غیره و اما ینسینک الشیطان فلا تقعد بعد الذکری مع القوم الظالمین (۶۸ انعام)

و چون کسانی را دیدی که آیات ما را به مسخره می‌گیرند، روی بگردان تا سخن دیگری ساز کنند و اگر شیطان باعث شد فراموش کنی پس از یادآوری با گروه ستمگران منشین.

- وَيَقُولُونَ طَاعَةٌ فَإِذَا بَرَزُوا مِنْ عِنْدِكَ بَيَّتَ طَائِفَةٌ مِنْهُمْ غَيْرَ الَّذِي تَقُولُ ۖ وَاللَّهُ يَكْتُبُ مَا يُبَيِّتُونَ ۖ فَأَعْرِضْ عَنْهُمْ وَتَوَكَّلْ عَلَى اللَّهِ ۚ وَكَفَىٰ بِاللَّهِ وَكِيلًا: و یقولون طاعه فاذا برزوا من عندک بیت طائفه منهم غیر الذی تقول و الله یکتب یبیتون فاعرض عنهم و توکل علی الله و کفی بالله وکیلا (۸۱ نساء)

می‌گویند: وظیفه ما اطاعت است و باید دعوت به جهاد تو را بپذیریم ولیکن همین‌که از نزد تو بیرون می‌شوند، شبانه تدبیری می‌اندیشند غیر از آنچه که در پاسخ تو گفته بودند، خدا آنچه را در پنهانی طرح‌ریزی می‌کنند ثبت می‌کند، از آنان روی بگردان و بر خدا توکل کن که تکیه‌گاه بودن خدا برای تو کافی است.

- فَاصْدَعْ بِمَا تُؤْمَرُ وَأَعْرِضْ عَنِ الْمُشْرِكِينَ: فاصدع بما تومر و اعرض عن المشرکین (۹٤ حجر)

آنچه را دستور داری آشکار کن و از مشرکان روی بگردان.

- قَدْ أَفْلَحَ الْمُؤْمِنُونَ (۱)

الَّذِينَ هُمْ فِي صَلَاتِهِمْ خَاشِعُونَ (۲)
همانا اهل ایمان پیروز و رستگار شدند.

- وَالَّذِينَ هُمْ عَنِ اللَّغْوِ مُعْرِضُونَ (۳ مؤمنین)

مؤمنین همان‌هایند که در نماز خاضع و خاشع‌اند.

■ وَإِذَا سَمِعُوا اللَّغْوَ أَعْرَضُوا عَنْهُ وَقَالُوا لَنَا أَعْمَالُنَا وَلَكُمْ أَعْمَالُكُمْ سَلَامٌ عَلَيْكُمْ لَا نَبْتَغِي الْجَاهِلِينَ: (۵۵ قصص)

و چون سخن بیهوده می‌شنوند از ان رو گردانیده می‌گویند اعمال ما برای ما ، اعمال شما برای شما، سلام بر شما ما خواهان معاشرت جاهلان نیستیم.

■ فَأَعْرِضْ عَنْهُمْ وَانْتَظِرْ إِنَّهُمْ مُنْتَظِرُونَ: (۳۰ سجده)

از آنان روی بگردان و منتظر باش که آن‌ها نیز منتظرند.

■ فَأَعْرِضْ عَنْ مَنْ تَوَلَّىٰ عَنْ ذِكْرِنَا وَلَمْ يُرِدْ إِلَّا الْحَيَاةَ الدُّنْيَا (۲۹ نجم)

پس توای پیامبر از هرکسی که از یاد ما روگردان است و جز زندگی دنیا نمی‌خواهد، روی برگردان.

■ أُولَٰئِكَ الَّذِينَ يَعْلَمُ اللَّهُ مَا فِي قُلُوبِهِمْ فَأَعْرِضْ عَنْهُمْ وَعِظْهُمْ وَقُلْ لَهُمْ فِي أَنْفُسِهِمْ قَوْلًا بَلِيغًا

(۶۳ نساء)

آنان کسانی هستند که خدا می‌داند چه در دل دارند، از آن‌ها رو بگردان و اندرزشان بده و با بیانی رسا وضعشان را به آن‌ها گوشزد کن.

در زندگی نیز شما از این قانون به بهترین شکل استفاده کنید. اگر از چیزی ناراحت هستید به آن بی‌توجهی کنید. به هر چیزی توجه کنید آن را به زندگیتان دعوت می‌کنید. اگر می‌خواهید کسی از زندگیان برود، با او جنگ نکنید. فقط کافیه بی‌توجهی کنید تا از زندگیتان بیرون برود.

رسالت شما چیست؟

باید بگویم خداوند بسیار عادل است. او قوانینی را در این دنیا گذاشته است که نه با گذشته شما کار دارد و نه با آینده شما. او فقط با لحظه اکنون سروکار دارد. شما تبدیل به فرکانس‌های غالب و افکار غالب خود می‌شوید. خداوند اجازه داده است که سرنوشت خود را رقم بزنید و این عین عدالت خداوندی است. خداوند هرگز توانایی‌های شما را قضاوت نمی‌کند. او شما را لا منتهی و نامحدود آفریده است. او به شما اختیار داده است تا هرکدام از استعدادهایتان را بخواهید شکوفا کنید. اختیار با شماست که رسالت زندگی خود را پیدا کنید و عملی کنید. هر ذره‌ای در این جهان در پی مأموریتی است و به جایگاه تعیین‌شده‌اش در حال هدایت است و در مدار خویش روان است. این همان رسالت کائنات است.

در سوره - یس آیه ۳۸ - خداوند می‌فرماید: و آفتاب به‌سوی قرارگاه خویش روان است. این فرمان خدای پیروزمند و داناست و برای ماه منزل‌هایی مقدر کردیم تا همانند شاخه خشک خرما باریک شود. آفتاب را نسزد که به ماه رسد و شب را نسزد که بر روز پیشی گیرد و همگی در مدارهای فلکی شناورند.

پس در این جهان قانونمند و منظم، بی‌هدفی و بی رسالتی اصلاً معنایی ندارد. هر بی‌نظمی کوچکی محکوم به فناست. کوچک‌ترین بی‌هدفی محکوم به نابودی است. رسالت ما در هرلحظه معلوم می‌شود و به قدرت می‌رسد و بزرگ و بزرگ‌تر می‌شود. اگر ما هم سو با قوانین جهان شویم قدرت می‌گیریم و هدایت می‌شویم. اگر با جهان هماهنگ نباشیم در همان نقطه‌ای که هستیم متوقف می‌شویم و توقف یعنی عقب ماندن و رشد نکردن. باید بتوانید از دل تضادها به موفقیت برسید. ما به دنیا آمده‌ایم تا با شناخت خودمان و با مواجه‌شدن با تجارب گوناگون، وجودمان را در همه

ابعاد رشد دهیم.

روبه‌رو شدن با این چالش‌ها و حل آن‌ها توانایی ما برای حل مشکلات بالاتر می‌رود. رشد کردن در گرو حل کردن مشکلات هست. رسالت ما فقط انجام کارهای هر روزه نیست. بلکه ما به کشف علائق خود می‌پردازیم و حرکت می‌کنیم برای امتحان ناشناخته‌ها و مواجه‌شدن با چالش‌های جدید که ما به آن تجربه می‌گوییم. تا زمانی که به دانسته‌های خود عمل نکنید، تجربه‌ای هم نخواهید داشت.

حتماً شما هم هر روز این سؤالات را از خود می‌پرسید.

- نمی‌دانم رسالتم چیست؟ رسالت زندگیم را چطور پیدا کنم؟
- اگر رسالت این‌قدر مهم است چرا من اشتیاقی برای پیدا کردن آن ندارم؟
- چگونه به عشق و علاقه واقعی خودم برسم و به موفقیت برسم؟
- چرا من از شروع کردن می‌ترسم؟ اگر موفق نشوم چه می‌شود؟
- چگونه می‌توانم هدف اصلی و رسالتم را پیدا کنم و با انجامش هم لذت ببرم و هم به ثروت برسم؟

یکی از مهم‌ترین و لذت‌بخش‌ترین کار شما این است که رسالت خودتان را پیدا کنید. رسالت شما کاری هست که با عشق بتوانید انجامش دهید و گذر زمان برایتان مهم نباشد و اگر تمام‌روز را هم مشغول انجام همان کار باشید، گذر زمان را احساس نکنید. همان کاری که حتی اگر پولی هم بابتان نگیرید باز هم انجامش می‌دهید. کاری که شما را خسته نمی‌کند. کاری که مشتاقانه آن را انجام می‌دهید و باز هم می‌خواهید بارها و بارها انجامش دهید.

کاری که از انجام آن چشمان شما برق می‌زند و لبخند بر لبانتان جاری

می‌شود. عاشق خودتان می‌شوید و خودتان را تحسین می‌کنید. رسالت کاری است که شما احساس می‌کنید به خاطر همین به دنیا آمده‌اید. رسالت کاری است که با انجام دادن آن احساس می‌کنید به خداوند نزدیک‌تر شده‌اید و با انجام آن به خودتان افتخار می‌کنید.

اولین قدم برای شناخت رسالت این است که بدانی همه‌چیز را خداوند هدایت می‌کند. اساس جهان بر هدایت استوار است. هر فردی وقتی با قوانین جهان هماهنگ شود هدایت می‌شود. همان‌گونه که یک‌دانه به‌محض اینکه در معرض آب‌وخاک و نور مناسب قرار می‌گیرد، به سمت رشد و روشنایی و درخت شدن و به ثمر نشستن هدایت می‌شود، ما نیز به‌محض اینکه تصمیم می‌گیریم حرکت کنیم و تجربه‌های بیشتری کسب کنیم هدایت می‌شویم. دومین قدم این است که وارد بخش‌های ناشناخته زندگی‌ات بشوی و دایره تجربیاتت را افزایش دهی. باید هر روز به دانش و آگاهی خود افزوده کنی. هرگز این‌گونه نیست که: یک‌گوشه بنشینی و به‌وسیله فکر کردن و تجسم کردن و خیال‌پردازی محض، رسالتت را پیدا کنی. بلکه در مسیری که قدم می‌گذاری با مشکلاتی روبه‌رو می‌شوی که کمک می‌کند تو تجربه کسب کنی و وضوح بیشتری از خودت داشته باشی و علاقه خود را پیدا کنی.

سومین قدم آن است که درک کنی اگر به کائنات خدمت کنی و جهان را گسترش بدی و ارزشی را خلق کنی، جهان نیز تو را گسترش می‌دهد. رسالت ما در هرلحظه شناخت خودمان است. رسالت ما رشد و دریافت هدایت و الهامات است که در هرلحظه به شکل نشانه‌های مشخص به سمت ما می‌آید. رسالت ما تشخیص این نشانه‌ها و جدیت در عمل به آن‌هاست. تا قدم‌به‌قدم هدایت شویم. چرا؟ چون ما نامحدود خلق‌شده‌ایم. رسالت والای زندگی ما یک دور نمای بزرگ است. یک هدف بسیار مقدس و عظیم

و خارق‌العاده؛ زیرا ما نمی‌توانیم رشد نکنیم، ما نمی‌توانیم جهان را گسترش ندهیم. ما نمی‌توانیم برای کائنات مفید نباشیم. ما نمی‌توانیم بهانه بیاوریم و خود را محدود به یک کار کنیم و مطالعه نکنیم. کافیست مرز باورها را بشکنیم و وارد عرصه جدیدی از تجربه شویم. تجربه ما از زندگی ممکن است پختن یک غذای جدید و یا دوختن یک لباس جدید باشد به شیوه‌ای جدید و یا کشیدنیم نقاشی یا تمرین شوت زدن به یک توپ به روشی خاص و یا کم کردن وزن یا تجربه یک شغل جدید و یا ایجاد یک تغییر کوچک در کسب‌وکار و یا داشتن سفری کوتاه و یا خواندن کتابی جدید و یا آموختن یک زبان جدید و یا مهاجرت به شهری دیگرو یا رسالت شما ممکن است انجام ندادن کاری یا تغییر نگرشی باشد. شاید انصراف از یک کار، ترک یک رابطه، ترک اعتیاد، ترک کینه‌توزی و خشم و نفرت، ترک بدزبانی یا ترک عادات بد که تنها با ترک آن‌ها می‌توانیم به قدم بعدی هدایت شویم. اگر این قدم‌ها را انجام ندهید روزبه‌روز عقب می‌مانیم و هر روز با تضادهای بزرگ‌تر روبه‌رو می‌شویم و یکجایی دیگر قدرت حل کردن مشکلات را نخواهیم داشت و تسلیم می‌شویم. عدالت خداوندی همین‌جاست، زمانی که شما تصمیم به تغییر می‌گیری به‌سرعت می‌توانی تغییرات بیرون را مشاهده کنی. خداوند دست‌هایش را به کمک شما می‌فرستد. شاید یکی از این تغییرات آشنا شدن با یک معلم باشد. خداوند حرف‌هایش را توسط او به شما می‌گوید.

اعتمادبه‌نفس و عزت‌نفس

اعتمادبه‌نفس یعنی توانایی انجام کارها و عزت‌نفس یعنی احساس ارزشمندی.

اعتمادبه‌نفس یعنی توانایی انجام کارها. هر چه شما مهارت‌های بیشتری را یاد بگیرید اعتمادبه‌نفس خود را افزایش می‌دهید. با انجام کارهای جدید و کسب تجربه کم‌کم اعتمادبه‌نفس شما بیشتر می‌شود و ترس‌های شما کم می‌شوند. یادگرفتن یک‌زبان جدید به شما کمک می‌کند. یادتان باشد هرچقدر یک کار را با مهارت بیشتری انجام دهید اعتمادبه‌نفس شما به همان اندازه زیاد می‌شود. پس تمرکز خود را بر روی یادگیری یک کار بگذارید تا به مهارت یا تخصص برسید.

درواقع عزت‌نفس یا احترام به نفس، میزان ارزشی است که هر فرد برای خودش قائل است. احساس ارزشمند بودن از طریق باورها و تجربه‌ها و احساس‌ها و عواطف و غیره به دست می‌آید. به‌طوری‌که فرد خودش را لایق و توانا می‌بیند؛ بنابراین اگر درباره خود تفکرهای منفی داشته باشید، از عزت‌نفس پایینی برخوردار هستید. اگر احساس خوب و مثبتی نسبت به خود داشته باشید از عزت‌نفس بالایی برخوردارید. از نشانه‌های عزت‌نفس چند چیز را نام می‌بریم.

- عاشق خودمان باشیم و بپذیریم که هرکسی که در این جهان قرار دارد ارزشمند است
- مسئولیت زندگی خودمان را بر عهده بگیریم.
- عاشق یادگیری و کسب تجربه‌های جدید باشیم و احساس مفید بودن و مؤثر بودن بکنیم.
- برخورد مناسبی با چالش‌ها و مشکلات داشته باشیم.

عزت‌نفس و خودباوری افراد به دوران کودکی بازمی‌گردد که از کودکی توسط والدین و اطرافیان شکل گرفته و ایجادشده است. هر روز چنددقیقه‌ای جلوی آینه بایستید و از خودتان تعریف کنید. اگر شما عاشق خودتان باشید، تمام

جهان عاشق شما خواهند شد و اگر خودتان را دوست نداشته باشید، جهان به شما ثابت خواهد کرد که دوست‌داشتنی نیستید. هرگز عزت‌نفس خودتان را پای کسی نریزید که شما را نمی‌خواهد. هر گز به کسی التماس نکنید که شما را دوست داشته باشد. عشق را گدایی نکنید. اگر اعتمادبه‌نفس و عزت‌نفس کافی ندارید، باید دوباره آن را یاد بگیرید. به سایت ما سر بزنید و دوره اعتمادبه‌نفس و عزت‌نفس را تهیه کنید و آن را گوش کنید. اعتمادبه‌نفس و عزت‌نفس دو بال پرواز شما هستند. بدون آن‌ها کاری از پیش نمی‌برید.

برای بالا بردن عزت‌نفس می‌توانید:

- روابط مثبت ایجاد کنید.
- نه گفتن را بیاموزید.
- خودتان را به چالش بکشید.
- اتفاقات ناخوشایند را بپذیرید.
- اهداف خود را تعیین کنید.
- با افراد مؤثر مشورت کنید.
- بر وسوسه‌های بد غلبه کنید.
- با خودتان مهربان باشید.
- برای خودتان ارزش قائل شوید.
- با احترام رفتار کنید.
- سنجیده سخن بگویید.
- مطالعه داشته باشید.
- بهترین غذاها را بخورید.

- خودتان را لایق بهترین‌ها بدانید.
- به بهترین رستوران‌ها بروید.
- با هرکسی هم‌کلام نشوید.
- لباس‌های زیبا و مرتب بپوشید.
- مؤدب و محترم باشید.
- خودتان را باارزش بدانید.
- به هرجایی که دعوت شدید با آگاهی بروید.

باور فراوانی

قرار نیست در زندگی‌مان همیشه درگیر مشکلات باشیم. قرار نیست نتوانیم به رؤیاهایمان برسیم یا نتوانیم به کسی کمک کنیم. کمبود سرنوشت نهایی ما نیست.

شما خلق‌شده‌اید تا در فراوانی زندگی کنید؛ اما اگر خودتان را درگیر مشکلات کنید، به‌راحتی باور کمبود در شما شکل می‌گیرد... تا زمانی که به کمبود فکر کنید هیچ‌وقت به ثروت بیش‌ازحد دست نمی‌یابید.

شما باید باور کمبود را از بین ببرید و باور فراوانی را در خود به وجود آورید. خداوند از راه‌هایی می‌تواند فراوانی را وارد زندگی شما بکند که شما هیچ‌وقت فکرش را هم نمی‌توانید بکنید. اگر به او اعتماد کنید او چیزی فراتر از درامد شما و حقوقتان و همچنین فراتر از هر آنچه که تابه‌حال دیده‌اید نصیبتان می‌کند. شما نمی‌دانید خداوند چه چیزی برایتان کنار گذاشته است. شما از پیشرفت‌ها فرصت‌ها و الطاف الهی که او مقدر کرده است تا در مسیر زندگی شما قرار بگیرد، خبر ندارید.

خداوند از خیروبرکت رساندن به شما خوشحال می‌شود. خداوند صاحب همه‌چیز هست و می‌تواند شما را به اهدافتان می‌رساند. باور فراوانی را در خودتان تقویت کنید. هر روز بگردید و یک باور درباره فراوانی برای خود ایجاد کنید. مثلاً بگردید و ببینید چند تا لباس‌فروشی در محله شما وجود دارد و بعد تصور کنید چند تا لباس‌فروشی در کشورتان وجود دارد و چند تا لباس‌فروشی در دنیا وجود دارد. اصلاً قابل‌شمارش نیست. حالا ببینید چند جفت کفش در دنیا وجود دارد. چند دستگاه ماشین در کل دنیا وجود دارد. چقدر انسان در دنیا وجود دارد. چه کسی می‌داند چند تا برگ بر روی درختان دنیا وجود دارد. چند تا نقطه در کلماتی که در کتاب‌ها نوشته‌شده‌اند وجود دارد. چند عدد ریگ در بیابان‌ها وجود دارد.

بگردید و هر روز نمونه‌های بیشتری از فراوانی را در دنیا پیدا کنید. همیشه می‌گفتند منابع طبیعی مثل آب و برق و گاز تمام می‌شود، الان در دنیا از انرژی خورشیدی برق تولید می‌کنند. مگر تمام‌شدنی است. دنیا همیشه رو به گسترش و پیشرفت است و از همه‌چیز زیاد می‌شود. اگر به سال‌ها قبل برگردید می‌بینید که حتی راه‌های پول درآوردن هم زیاد شده است. وسایل ارتباط‌جمعی زیاد شده است. از هر چیزی که فکرش را بکنید زیاد شده است.

از وسایل منزل تا وسایل رفاهی و پول و هر چه را تصور کنید بی‌نهایت یافت می‌شود. هر روز دنیا در حال گسترده شدن هست و شما نیز باید این گسترش را مدام به خودتان بگویید.

خدایی که این جهان را آفریده فکر همه‌چیز را کرده است. البته این بدان معنا نیست که اسراف کنید، بلکه درست استفاده کردن از نعمت‌ها هم نوعی شکرگزاری است. هر روز نعمت جدیدی پیدا کنید و شکرگزاری کنید.

زندگی برایتان بسیار لذت‌بخش می‌شود. باور کمبود همیشه به شما فشار می‌آورد و ترس‌ها را به دل شما راه می‌دهد. از خرج کردن می‌ترساند و شما زندگی را هم به اطرافیان سخت می‌کنید. شما آمده‌اید تا از این دنیا لذت ببرید. خداوند روزی‌رسان بی‌دریغ ماست و هیچ کمبودی در عرش او جای ندارد. او بسیار بخشنده است. از او کم نخواهید. اگر آرزوهایتان آنقدر بزرگ نیست که شما را بترساند، پس اصلاً آرزویی ندارید.

کلام آخر

اگر تا آخر کتاب را خواندید به شما تبریک می‌گویم. چون اکنون می‌دانم که اشتیاق شما برای رسیدن به خواسته‌هایتان بسیار زیاد است. بیشتر مردم حتی نمی‌توانند یک کتاب را تمام کنند و تا آخر بخوانند. لطفاً این کتاب را چندین بار بخوانید و فایل صوتی آن را از سایت ما تهیه کنید و هر روز مقداری از آن را گوش دهید تا در ضمیر ناخودآگاه شما بنشیند. ماشین شما کلاس سیار شماست. بهترین موقعیت است تا فایل‌های صوتی را گوش کنید. برای بالا بردن آگاهی شما درزمینه ثروت و روابط عاطفی و اعتمادبه‌نفس و عزت‌نفس و چگونگی بالا بردن مهارت‌های زندگی چه در کار و یا ازدواج، دوره‌های صوتی و تصویری بی‌نظیری را آماده کرده‌ایم که در سایت قرارگرفته‌اند. به سایت مراجعه فرمایید و هرکدام از دوره‌های ما را که موردنیازتان بود تهیه فرمایید. یک سال این کتاب و فایل‌های ما را هر روز بخوانید و گوش دهید و به تمرینات آن‌ها عمل کنید. بعد تغییرات را به‌وضوح مشاهده خواهید کرد. نظرات خود را با دوستانتان در سایت ما به اشتراک بگذارید و از نتایج آنان اطلاع پیدا کنید و اگر راهنمایی خواستند از تجربیات خودتان در اختیار آنان قرار دهید. برای تمامی دوستان در هرکجای دنیا که هستید آرزوی خوشبختی

و سلامتی و ثروت دارم.

خدا نگهدار

آدرس سایت ما www.moghadasii.com

چند کتاب پیشنهاد سردبیر انتشارات برای شما

برای تهیه کتاب ها از آمازون یا وبسایت انتشارات می توانید بارکدهای زیر را اسکن کنید

kphclub.com

Amazon.com

Kidsocado Publishing House
خانه انتشارات کیدزوکادو
ونکوور، کانادا

تلفن : ۸۶۵۴ ۶۳۳ (۸۳۳) ۱+
واتس آپ: ۷۲۴۸ ۳۳۳ (۲۳۶) ۱ +
ایمیل:info@kidsocado.com
وبسایت انتشارات: https://kidsocadopublishinghouse.com
وبسایت فروشگاه: https://kphclub.com